MICHAEL KRENZLER

An den Grenzen der Notstandsverfassung

Schriften zum Öffentlichen Recht

Band 238

An den Grenzen der Notstandsverfassung

Ausnahmezustand und Staatsnotrecht im Verfassungssystem des Grundgesetzes

Von

Dr. Michael Krenzler

DUNCKER & HUMBLOT / BERLIN

Gedruckt 1974 bei Feese & Schulz, Berlin 41
Printed in Germany
ISBN 3 428 03071 0

Meinen Eltern

Vorwort

Ausgangspunkt der vorliegenden Arbeit ist der nicht einmal sonderlich theoretische Fall, daß auch die in der sog. Notstandsverfassung vorgezeichneten Mittel zur Bekämpfung eines Staatsnotstandes nicht mehr ausreichen, um die Erhaltung oder Wiederherstellung der Normallage zu gewährleisten. In einer solchen Situation werden sich die Träger des Staatsnotstandsrechtes vor die Alternative gestellt sehen, die ihnen durch das Grundgesetz gesetzten Grenzen zu respektieren und untätig zu bleiben, oder Maßnahmen zu ergreifen, die diese Grenzen überschreiten. Ob auch solche Maßnahmen im Verfassungssystem des Grundgesetzes noch eine Rechts- und damit eine Legitimationsgrundlage finden könnten, das ist die Frage, die die vorliegende Arbeit zu beantworten sucht.

Als mögliche Rechtsgrundlage rückt dabei zunächst das gleichzeitig mit der Notstandsverfassung verabschiedete Widerstandsrecht des Art. 20 Abs. 4 GG in den Mittelpunkt des Interesses. Denn dieses Recht wird nicht mehr nur wie das klassische „ius resistendi" als ein Abwehrrecht gegen verfassungswidrig ausgeübte Staatsgewalt (Staatsstreich „von oben") verstanden, sondern soll sich auch gegen revolutionäre Kräfte aus dem nichtstaatlichen Bereich (Staatsstreich „von unten") richten können. Folgerichtig müßten sich also auch die Träger des Staatsnotstandsrechtes auf Art. 20 Abs. 4 GG als eine letzte „Legalitätsreserve" berufen können, falls einmal alle Mittel der Notstandsverfassung nicht mehr ausreichen, um der Notstandslage Herr zu werden.

Schließt man sich allerdings dem Ergebnis des 1. Teiles dieser Arbeit an, daß nämlich ein so verstandenes Widerstandsrecht mit dem Verfassungssystem des Grundgesetzes unvereinbar ist, so wird man sich dem weiteren Rechtskreis des ungeschriebenen Verfassungsrechts als einer möglichen Rechtsgrundlage für Staatsnotstandsmaßnahmen zuwenden müssen. Denn in der Staatenpraxis sind die gesetzüberschreitenden Aktionen zur Abwehr einer angeblichen Existenzgefährdung des Staates seit jeher aus einem ungeschriebenen Staatsnotrecht legitimiert worden.

Wer dann wie der Verfasser im 2. Teil dieser Arbeit auch den Rückgriff auf ein ungeschriebenes Staatsnotrecht für unzulässig hält, der wird sich der weiteren Frage nicht verschließen können, warum es den in einem Ausnahmezustand verantwortlichen Organen trotz der fehlenden positiven Rechtsgrundlage immer wieder gelungen ist, ihre Maßnahmen zur Wirksamkeit zu bringen? Setzt sich hier die bloße Macht gegen das Recht durch oder basieren die Aktionen der Machtelite doch auf irgendeiner Legitimationsgrundlage und gegebenenfalls auf welcher? Untersuchungen zum Verhältnis von Macht und Recht sowie zu den Legitimationsweisen von Herrschaft schließen die Arbeit daher ab.

Die Schrift wurde im Juni 1972 von der Juristischen Fakultät der Ruprecht-Carl-Universität Heidelberg als Dissertation angenommen. Der Abschluß des Manuskriptes erfolgte im Februar 1972. Später veröffentlichte Literatur konnte nicht mehr berücksichtigt werden.

Herrn Prof. Dr. Klaus Vogel möchte ich an dieser Stelle sehr herzlich für die Betreuung und nachhaltige Förderung der Arbeit danken. Mein besonderer Dank gilt aber auch meiner lieben Frau, die sich der technischen Realisierung der Arbeit mit vieler Mühe und Geduld angenommen hat, und Herrn Eckart Altschwager für seine zahlreichen Hinweise und Anregungen bei der Durchsicht der Arbeit.

Freiburg, im August 1973

Michael Krenzler

Inhaltsverzeichnis

Abkürzungsverzeichnis

Abg.	=	Abgeordneter
Abs.	=	Absatz
a. F.	=	alte Fassung
Anm.	=	Anmerkung
AöR	=	Archiv des öffentlichen Rechts
Art.	=	Artikel (des Grundgesetzes)
Aufl.	=	Auflage
BayVerwBl.	=	Bayrische Verwaltungsblätter
Bd.	=	Band
BK	=	Kommentar zum Bonner Grundgesetz (Bonner Kommentar)
BRRG	=	Beamtenrechtsrahmengesetz
bspw.	=	beispielsweise
BRD	=	Bundesrepublik Deutschland
BReg.	=	Bundesregierung
BT	=	Bundestag
BV	=	Bundesverfassung der Schweiz
BVerfG	=	Bundesverfassungsgericht
BVerfGE	=	Entscheidungen des Bundesverfassungsgerichts
bzw.	=	beziehungsweise
DDR	=	Deutsche Demokratische Republik
ders.	=	derselbe
DJZ	=	Deutsche Juristen-Zeitung
DÖV	=	Die Öffentliche Verwaltung. Zeitschrift für Verwaltungsrecht und Verwaltungspolitik
DRiZ	=	Deutsche Richterzeitung
DVBl	=	Deutsches Verwaltungsblatt
ebd.	=	ebenda
Erl.	=	Erläuterung(en)
etc.	=	et cetera
Fußn.	=	Fußnote
gem.	=	gemäß
GG	=	Grundgesetz für die Bundesrepublik Deutschland vom 23. Mai 1949
Hbbd.	=	Halbband
h. L.	=	herrschende Lehre
HessVerf.	=	Verfassung des Landes Hessen vom 1. 2. 1946
i. S.	=	im Sinne

insbes.	=	insbesondere
JR	=	Juristische Rundschau
JW	=	Juristische Wochenschrift
JZ	=	Juristenzeitung
Kap.	=	Kapitel
MDR	=	Monatsschrift für Deutsches Recht
Min.	=	Minister
n. F.	=	neue Fassung
N. F.	=	neue Folge
NJW	=	Neue Juristische Wochenschrift
od.	=	oder
Rdziff.	=	Randziffer
RGSt	=	Entscheidungen des Reichsgerichts in Strafsachen
RP	=	Reichspräsident
Rspr	=	Rechtsprechung
RuPrVBl	=	Reichsverwaltungsblatt und Preußisches Verwaltungsblatt
s.	=	siehe
S.	=	Seite
sog.	=	sogenannte
Sp.	=	Spalte
Sten. Bericht	=	Stenographischer Bericht
StGB	=	Strafgesetzbuch
u.	=	und
Verw.Archiv	=	Verwaltungsarchiv
vgl.	=	vergleiche
VVDStRL	=	Veröffentlichungen der Vereinigung der Deutschen Staatsrechtslehrer
WRV	=	Weimarer Reichsverfassung vom 11. August 1919
Ziff.	=	Ziffer
zit.	=	zitiert

A. Einleitung

Am 24. Juni 1968 wurde das 17. Gesetz zur Ergänzung des Grundgesetzes, die sogenannte Notstandsverfassung[1], vom Bundestag verabschiedet. Es hat wohl nur wenige Gesetze gegeben, auf deren Beratung und Beschlußfassung das Parlament so gründlich vorbereitet war wie in diesem Falle. Denn die Diskussion um das „Ob" und das „Wie" einer Regelung des Staatsnotstandes im GG reicht in ihren Anfängen bis auf die Beratungen des Parlamentarischen Rates im Jahre 1948 zurück[2] und ist dann von Wissenschaft und Öffentlichkeit mit zunehmender Intensität fortgesetzt worden. Dabei hatte die Frage nach der Notwendigkeit einer umfassenden Notstandsregelung zunächst durchaus im Vordergrund gestanden, wie die Auseinandersetzung um die vom Parlamentarischen Rat verabschiedeten Notstandsbestimmungen[3] zeigt. Glaubten einige der Autoren, diese Vorschriften hielten genügend Mittel bereit, um allen Notfällen erfolgreich begegnen zu können[4], so warnten andere vor deren Unzulänglichkeit, die „den verantwortlichen Organen keine andere Möglichkeit lasse als die, sich über das Recht hinwegzusetzen"[5] und auf ein ungeschriebenes Notrecht zurückzugreifen.

Schon bald verloren diese Erörterungen jedoch an Bedeutung, als nämlich mit dem Ende des Besatzungsstatuts im Jahre 1955 auch die staatlichen Organe öffentlich zu erkennen gaben, daß sie die Notstandsregelung des GG nicht für ausreichend hielten, um in einem Staatsnotstand bestehen zu können. Was lag daher näher, als den Gefahren für den Rechtsstaat, die an das Ausweichen der Exekutive in jenes nebulöse Notrecht geknüpft sind, durch eine Ergänzung des GG zu begegnen? Folgerichtig machte der damalige Bundesinnenminister *Schröder* am 9. Oktober 1955 einen ersten öffentlichen Vorstoß in Richtung auf eine weitreichende Notstandsregelung im GG[6], und am 20. April 1960 wurde ein erster „Entwurf eines Gesetzes zur Ergänzung

---

[1] Der Begriff hat sich eingebürgert, obwohl er neben Begriffen wie „Wehrverfassung" und „Finanzverfassung" dazu beiträgt, das Verständnis des GG als einer *einheitlichen* Verfassung aufzulösen.

[2] Zu den Einzelheiten vgl. unten Teil II, 2. Kap.

[3] Also die Art. 37, 81 und 91 GG.

[4] So vor allem *Hamann* in: DVBl 1958, 405 ff. (407).

[5] *Hesse*, JZ 1960, 106.

[6] Rundfunkrede vom 9. Oktober 1955, erwähnt bei *Benda*, Notstandsverfassung, S. 55; dort auch auf S. 54 Hinweise auf Pläne der BReg., die jedoch mit Rücksicht auf die Wehrergänzung nicht verwirklicht werden konnten.

des Grundgesetzes" vorgelegt[7]. Zwangsläufig konzentrierten sich seitdem die meisten Stellungnahmen auf die einzelnen Erfordernisse einer möglichen Notstandsregelung, wobei sich der Bogen vom Vorschlag einer an der Zweckmäßigkeit orientierten Generalklausel bis zur Empfehlung eng begrenzter, detaillierter Verfassungsvorschriften spannte.

Wer sich je mit der Problematik einer Staatsnotstandsregelung befaßt hat, den kann eine solche Vielfalt der Meinungen kaum überraschen. Denn sie macht lediglich das Spannungsfeld sichtbar, in dem sich jede Notstandsregelung bewegt: in ihm stehen das Bedürfnis nach einer flexiblen und unkomplizierten Handhabung der Staatsmacht und das Bestreben des demokratischen Rechtsstaates, die Staatsmacht durch vielfältige ineinander verwobene Sicherungen an einer freien Entfaltung zu hindern, in einem diametralen Gegensatz zueinander. Eine Synthese dieses Gegensatzes zu versuchen, war die nicht leichte Aufgabe, die dem Bundestag bei der Ausgestaltung der Notstandsverfassung gestellt war. Wenn er sich dabei für eine umfassende und zugleich bis ins Einzelne gehende Regelung entschieden hat, so erscheint das auf den ersten Blick durchaus plausibel. Trägt er doch mit seiner Entscheidung nicht nur liberalen Denktraditionen, sondern auch dem auf Legalität basierenden Legitimationsbedürfnis der im Staatsnotstand verantwortlichen Organe Rechnung. Dieses Legitimationsbedürfnis beruht auf der Erkenntnis, daß letzten Endes nur der Glaube an die Legitimität des staatlichen Handelns die für den Bestand und die Stabilität eines Herrschaftssystems entscheidenden Gehorsamsmechanismen auszulösen vermag. Will sich daher der demokratische Rechtsstaat die für eine erfolgreiche Bekämpfung des Staatsnotstandes unabdingbare Gefolgschaft der Staatsbürger sichern, so kann er dies kraft seiner Verfassung nur dadurch erreichen, daß er das Staatsnotstandsrecht in eine Gesetzesform zu gießen versucht. Denn er kennt keine andere Legitimität als die der Legalität und kann infolgedessen den Glauben der Staatsbürger an die Legitimität seiner Anordnungen und Maßnahmen nur dadurch erzeugen, daß er sie in das Gewand der Legalität kleidet.

Hält man sich allerdings die Erfahrungen der Deutschen mit dem Notstandsrecht der Weimarer Zeit, dem Art. 48 WRV[8], vor Augen, dann muß Skepsis gegenüber dem erneuten Bemühen um eine Verrechtlichung des Ausnahmezustandes aufkommen. Denn in den Wirren der ersten Jahre sahen sich die staatlichen Organe der Weimarer Republik zu Maßnahmen veranlaßt, die eigentlich nicht einmal durch die weitreichenden Vollmachten des Art. 48 WRV gedeckt waren und denen der Vorwurf der Verfassungswidrigkeit nur durch eine extensive

---

[7] BT-Drucksache III/1800. Zur Geschichte dieser Gesetzesvorlage vgl. Hans *Schäfer*, in: NJW 1960, 1130.

[8] Wie sehr gerade diese geschichtlichen Erfahrungen die Notstandsdiskussion geprägt haben, wird im Laufe dieser Arbeit noch deutlich werden.

Verfassungsinterpretation erspart blieb[9]. Wenn aber schon eine Generalklausel wie der Art. 48 WRV kaum ausreichte, um den auftretenden Notständen mit legalen Mitteln zu begegnen, dann wird dies noch viel weniger von einer detaillierten, der Staatsgewalt enge Grenzen setzenden Ausnahmeregelung wie der Notstandsverfassung zu erwarten sein. Je präziser nämlich Tatbestand und Rechtsfolgen einer Norm formuliert werden, desto größer ist die Wahrscheinlichkeit, daß sich die vorgefundene Realität nicht mehr unter diese Norm subsumieren läßt und infolgedessen auch nur noch mit illegalen Mitteln bewältigt werden kann. Im Grunde genommen gilt diese Feststellung natürlich für jede Art von Gesetzgebung. Doch kommt ihre ganze Tragweite erst bei der Regelung des Ausnahmezustandes in voller Schärfe zu Bewußtsein, weil es geradezu „dem Wesen der Norm widerspricht, die Ausnahme zu regeln“[10]. Das heißt aber, daß jede dem Gedanken an eine Blankovollmacht entgegengesetzte Notstandsgesetzgebung unvollständig bleiben muß und trotz aller Bemühungen nur den Punkt hinausschieben kann, an dem die Grenzen ihrer Legalität und damit der durch sie gewährten Legitimität erreicht sind. Die Vorstellung, „durch ausdrückliche Regelungen den Rückgriff auf ungeschriebene Verfassungsgrundsätze erübrigen“[11] zu können, ist daher eine Illusion, vor der nicht genügend gewarnt werden kann. Einmal an den Grenzen der Legalität angelangt, müssen die verantwortlichen Organe einfach nach einer neuen Legitimationsgrundlage suchen — und haben sie bisher auch stets in eben dem Staatsnotrecht gefunden, das der Bundestag durch die Notstandsverfassung überflüssig gemacht zu haben hofft. Das Problem des Staatsnotstandsrechts entscheidet sich daher nicht daran, ob es in der Verfassungsurkunde normiert ist oder nicht, sondern bei der Frage, ob die Träger des Staatsnotstandsrechtes einen überzeugenden Nachweis für die Legitimität ihrer Maßnahmen erbringen können.

Möglichkeiten und Grenzen verfassungsrechtlicher Normen sowie einer Legitimierung von Staatsnotstandsmaßnahmen der Öffentlichkeit bewußt zu machen, wäre Aufgabe des Bundestages gewesen. Stattdessen hat er sich sogleich auf die inhaltliche Gestaltung des Notstandsrechtes konzentriert und dadurch bewußt oder unbewußt ein unreflektiertes Vertrauen in die legitimierende Kraft der Legalität gefördert. Mit Rücksicht auf das emotional ohnehin aufgeheizte politische Klima zur Zeit seiner Beratungen mag dies entschuldbar sein. Nachdem aber die leidenschaftlichen Auseinandersetzungen jener Tage nüchternen verfassungsrechtlichen Erörterungen Platz gemacht haben, wird mit dieser Arbeit der Versuch gemacht werden dürfen, etwas von dem nachzuholen, was damals versäumt worden ist.

[9] Zu den Einzelheiten vgl. unten Teil II, 1. Kap. II.

[10] C. *Schmitt*, Theologie, S. 19 f.

[11] So der Schriftliche Bericht des Rechtsausschusses in BT-Drucksache V/2873.

Soll dieser Versuch gelingen, so gilt es, sich zunächst mit einer Verfassungsnorm auseinanderzusetzen, die mit dem durch die Notstandsverfassung normierten Staatsnotstandsrecht zunächst nicht mehr Gemeinsamkeit zu haben scheint als die Gleichzeitigkeit des Gesetzgebungsverfahrens: Art. 20 IV GG[12]. Immerhin hat der Abgeordnete *Stammberger* (SPD) in der 175. Sitzung des Bundestages vom 16. 5. 1968[13] die Ansicht vertreten, bei dem Staatsnotstandsrecht des Art. 87 a Abs. 4 GG handle es sich um einen speziellen Fall des allgemeinen Widerstandsrechtes. Er hat also das Staatsnotstandsrecht in ein Verhältnis der Spezialität zum Widerstandsrecht gesetzt und damit in der Umkehrung das Widerstandsrecht als die *allgemeine* Rechtsgrundlage für Notstandsmaßnahmen angesehen —, als ein zusätzliches Staatsnotstandsrecht also, das den Trägern der Staatsgewalt weit über die Notstandsverfassung hinausreichende Vollmachten einräumen könnte.

Unversehens ist damit ein Zusammenhang zwischen Art. 20 IV GG und dem Staatsnotstandsrecht hergestellt worden, wie man ihn in dieser Unmittelbarkeit wohl kaum vermutet hätte. Dies allerdings nur mit Hilfe eines Verständnisses vom Widerstandsrecht, das bei aller Vorsicht als „ungewöhnlich" bezeichnet werden darf und nur allzuleicht auf eine momentane Begriffsverwirrung zurückzuführen sein könnte. Ihre eigentliche Rechtfertigung erfährt die Entscheidung, im folgenden an Art. 20 IV GG anzuknüpfen, daher auch erst im Zusammenhang mit dem Bedürfnis der Exekutive, die Legitimität ihrer Maßnahmen durch deren Legalität nachzuweisen. Die Träger des Staatsnotstandsrechtes werden nämlich entsprechend diesem Bedürfnis immer erst nach einer „Legalitätsreserve" und nicht etwa nach einer Legitimierungsgrundlage Ausschau halten, wenn einmal die Möglichkeiten der Notstandsverfassung erschöpft sein sollten und die Grenzen der durch sie gewährten Legalität überschritten zu werden drohen. Und das könnte dann die Stunde des Art. 20 IV GG in der von Stammberger angenommenen Bedeutung sein: könnten doch die auf ihn gestützten Maßnahmen einmal mehr als legal und damit zugleich als legitim ausgewiesen werden. Allerdings wäre damit der Weg zum eigentlichen Problem der Legitimierung von Staatsnotstandsmaßnahmen erneut verbaut und würde es auch bleiben, solange nicht die Möglichkeiten und Grenzen auch dieser „Legalitätsreserve" ausgelotet worden sind. Es gilt daher, sich zunächst umfassend mit Art. 20 IV GG auseinanderzusetzen, bevor daran gedacht werden kann, sich dem grundsätzlichen Problem der Legitimierung von Staatsnotstandsmaßnahmen zuzuwenden.

---

[12] Art. 20 IV GG lautet: „Gegen jeden, der es unternimmt, diese Ordnung zu beseitigen, haben alle Deutschen das Recht zum Widerstand, wenn andere Abhilfe nicht möglich ist."

[13] Sten. Bericht der Verhandlungen des Deutschen BT. V/9450.

B. Hauptteil

Teil I

Art. 20 IV GG und das Staatsnotstandsrecht

1. Kap.: Die Reichweite des Art. 20 IV GG

„Am Anfang steht der Fall und nicht der Text“[1], denn „der Jurist faßt den Sinn des Gesetzes von dem gegebenen Fall her und um dieses gegebenen Falles willen“[2]. Getreu diesem Grundsatz der Hermeneutik[3] sollen zuächst die Fallkonstellationen nachgezeichnet werden, die im allgemeinen als von Art. 20 IV GG gedeckt angesehen worden sind.

Vom klassischen Verständnis des Widerstandsrechtes abweichende Auffassungen sind zum ersten Mal während des Verfassungsgesetzgebungsverfahrens zu Art. 20 IV GG vertreten worden. Obwohl es sich dabei nur um recht karge Äußerungen handelt, empfiehlt es sich daher, an diese Beiträge des Rechtsausschusses und der Abgeordneten des Bundestages anzuknüpfen. Im schriftlichen Bericht des Rechtsausschusses vom 9. 5. 1968 heißt es[4]:

„Das Widerstandsrecht ist gegeben bei Bestrebungen, die darauf hinzielen, einen oder alle diese Verfassungsgrundsätze zu beseitigen. Es macht keinen Unterschied, ob die Bestrebungen unter Mißbrauch oder Anmaßung staatlicher Machtbefugnisse (Staatsstreich „von oben“) oder durch revolutionäre Kräfte aus dem nichtstaatlichen Bereich (Staatsstreich „von unten“) erfolgen; ferner, ob sie sich gegen verfassungsmäßige Organe der Staatsgewalt oder gegen die Bevölkerung richten; dann endlich, ob sie sich der Anwendung oder Androhung von Gewalt, des Machtmißbrauchs oder anderer Mittel bedienen.“

---

[1] *Kriele*, Rechtsgewinnung, S. 159.

[2] *Gadamer*, Wahrheit, S. 308.

[3] Mit dessen Anwendung noch keine Entscheidung zugunsten einer bestimmten Auslegungstheorie, etwa derjenigen Krieles, getroffen wird. Denn dieser Grundsatz wird bspw. auch von *Hesse*, einem Vertreter der topischen Methode, die von *Kriele* wiederum für untauglich gehalten wird, als richtig anerkannt. Vgl. *Hesse*, Grundzüge, S. 26: „Es gibt keine von konkreten Problemen unabhängige Verfassungsinterpretation.“

[4] Bundestagsdrucksache V/2873 (Abg. Dr. Lenz, Bergstraße) zu § 1 Nr. 2bb (Art. 20 IV GG).

In der 174. Sitzung des V. Bundestages vom 15. 5. 1968 erklärte der Abgeordnete *Stammberger* (SPD) dazu:

„Historisch gesehen ist das Widerstandsrecht etwas gegen den Staatsstreich von oben. So ist es auch in der Magna Charta in England gewesen, so steht es in der virginischen Erklärung der Rechte, so haben wir es in der Erklärung der Menschen- und Bürgerrechte 1789 in Frankreich und in vielem anderem mehr. Aber, meine Damen und Herren, das kann natürlich ... auch ein Widerstandsrecht gegen eine Revolution von unten sein[5]."

Dem hielt der Abgeordnete *Bucher* (FDP) in der gleichen Sitzung entgegen:

„Ich teile allerdings seine (Stammbergers) Meinung insofern nicht als ich es ganz und gar nicht für notwendig halte, das Widerstandsrecht gegen Unrecht von unten extra in die Verfassung hineinzuschreiben. Denn dagegen haben wir bereits heute zulängliche Bestimmungen. Wenn mich einer angreift, steht mir die Notwehr zur Verfügung und auch, wenn Unrecht gegen andere begangen wird — auch gegen den Staat; schon vom Reichsgericht ist die Rechtsfigur der Staatsnotwehr anerkannt worden —, darf ich mich dagegen wehren[6]."

Doch sekundiert der Abgeordnete *Even* (CDU/CSU) seinem Kollegen von der SPD an gleicher Stelle:

„Auch ich bin der Auffassung, daß deutlich gemacht werden muß, daß es nicht zulässig sein kann, bestimmte Fälle des Angriffs auf die freiheitliche demokratische Grundordnung herauszugreifen und das Widerstandsrecht etwa nur auf den sogenannten Staatsstreich von oben zu beschränken, sondern man muß es äußerstenfalls eben wenn die normalen staatlichen Mittel nicht ausreichen, auch zum Schutze der Demokratie gegen Angriffe von unten, einräumen.

Ich nehme als Beispiel aus der deutschen Geschichte den genannten Putschversuch Hitlers von 1923. Damals gelang es zwar den normalen staatlichen Stellen, diesen Putschversuch niederzuschlagen, aber das hätte anders kommen können. Genauso war die Situation bei den Spartakistenaufständen. Auch dort gelang es den zuständigen Behörden, die Aufstände niederzuschlagen; aber auch das hätte gefährlicher werden können. Für solche Fälle sollte man das Widerstandsrecht nicht ausschließen. Das wäre eine unzulässige Einengung[7]."

Den politischen Hintergrund dieser Stellungnahmen läßt der Abgeordnete *Schmidt* (Hamburg SPD) in der 178. Sitzung des Bundestages vom 30. Mai 1968 deutlich werden:

„Art. 20 Abs. 4 des Grundgesetzes soll in Zukunft klarstellen, daß jeder Bürger ein Widerstandsrecht gegen jeden besitzt, der die grundgesetzliche Ordnung durch einen Staatsstreich zu beseitigen unternimmt. Dies ist weiß Gott alles andere als etwa eine Aufforderung zur Selbstjustiz ... die es der Staatsgewalt angeblich ermögliche, die Bürger gegen Unruhestifter zu mobilisieren. Ich will hier klarstellen: Aus dieser neuen Bestimmung des Art. 20 Abs. 4 fließt die ausdrückliche Legitimation auch zu einem politischen Generalstreik gegen

---

[5] Sten. Bericht der Verhandlungen des Deutschen Bundestages, V. Wahlperiode, S. 9364.

[6] Sten. Bericht V/9365.

[7] Sten. Bericht, V/9366.

einen Staatsstreich, von wem auch immer er versucht werden sollte. Jedermann im gewerkschaftlichen Lager sollte dies erkennen[8]."

Hier zeigt sich, daß die Kodifizierung des Widerstandsrechts wesentlich auf das Bestreben von den Gewerkschaften nahestehenden Abgeordneten zurückzuführen ist, im Zuge der Verabschiedung einer Notstandsverfassung auch das Streikrecht und insbesondere den sog. Widerstandsstreik in das GG aufzunehmen.

Dabei hatte der Generalstreik der Gewerkschaften beim Kapp-Putsch im Jahre 1920 die Funktion eines historischen Leitbildes. Als sich aber eine rechtliche Absicherung dieser Form des Streiks politisch nicht durchsetzen ließ, versuchte man, das politische Ziel auf dem Weg über ein allgemeines Widerstandsrecht zu erreichen[9]. Das war nur dann möglich, wenn der Fall des Widerstandsrechts von vornherein nicht nur auf die verfassungswidrige Ausübung von Staatsgewalt beschränkt, sondern auf jede Form des Staatsstreichs, ob er nun von Staatsorganen oder mehr oder weniger organisierten Gruppen durchgeführt wird, ausgedehnt wurde. Dementsprechend haben die zitierten Abgeordneten mit Ausnahme von Bucher dem Widerstandsrecht eine neue Stoßrichtung zugewiesen: nachdem es nämlich seinem historischen Gehalt nach ausschließlich in vertikaler Richtung von unten nach oben zielte[10], soll es nun auch in horizontaler Ebene von sich gegenüberstehenden gesellschaftlichen Gruppen in Anspruch genommen werden können[11].

---

[8] Sten. Bericht, V/9644.

[9] Zu Einzelheiten der Entstehungsgeschichte des Art. 20 IV GG vgl. *Ch. Böckenförde,* JZ 1970, 168 ff., der sich gegen die sehr kritische Darstellung von H. *Klein,* DÖV 68, 865 ff. wendet. Ebenfalls kritisch *Kempen,* in: Sterzel, Kritik ..., S. 66 ff.

[10] wie dies der Abg. *Stammberger* durchaus richtig gesehen hat. Aus der unübersehbaren Literatur zum Widerstandsrecht seien im Hinblick auf die Beurteilung seines historischen Gehalts die zustimmenden Arbeiten von *Bertram,* Widerstandsrecht, S. 13 - 41, *Heyland,* Widerstandsrecht, S. 5 - 83 und *Kempen* in: Sterzel, Kritik, S. 75, genannt.

Die gegenteilige Auffassung von *Isensee,* Widerstandsrecht, S. 30 überzeugt nicht: richtig ist zwar, daß sich das Widerstandsrecht von jeher gegen den tyrannus usurpationis gerichtet hat, dies aber den von ihm selbst zitierten Quellen zufolge eben erst dann, wenn der Usurpator in die Machtpositionen eingerückt ist: „Whoever gets into the *exercise* of any part of the power, by other ways, than what the Laws of the Community have prescribed hath no Right to be obeyed." (John *Locke,* The Second Treatise of Government, Chap. XVII, 198). Seine Argumentation, der Staatsstreich von unten sei letztlich nur das Frühstadium der Usurpation und werde deshalb im Grunde vom klassischen Widerstandsrecht umfaßt, ist daher nicht exakt, sondern ein Kunstgriff, mit dem er sich der grundsätzlichen Problematik entzieht. Erste Ansätze einer Lösung finden sich bei *Scheidle,* Widerstandsrecht, S. 21 f.

[11] Bestätigend noch einmal in der Sitzung des Bundesrates vom 14. 5. 1968 die Min. *Strelitz* (Sten. Bericht S. 143), *Benda* (Sten. Bericht S. 145) und *Zinn* (Sten. Bericht S. 148). In der Literatur wird diese Auslegung trotz aller Kritik akzeptiert von *Ch. Böckenförde,* JZ 70, 168 ff.; *Hesse,* Grundzüge, S. 294; *Maunz,* Staatsrecht, S. 196; *Stein,* Lehrbuch, S. 240.

Mit Recht hat der Abgeordnete Bucher die Frage aufgeworfen, ob es sich hier um eine überflüssige Ausdehnung des Widerstandsrechts auf eine Fallkonstellation handelt, die bereits mit dem Begriff der Staatsnotwehr bzw. der Staatsnothilfe abgedeckt wird. Denn im Rahmen des § 53 StGB wird die Zulässigkeit der Nothilfe „auch gegenüber Angriffen auf öffentliche Interessen und solche des Staates“[12] unter Hinweis auf die schon von Bucher erwähnte Rechtsprechung[13] bejaht, und sie wird seit Inkrafttreten des Art. 20 IV GG auch ausdrücklich auf diesen gestützt[14]. Welche Funktion daneben noch ein Widerstandsrecht in der von den Abgeordneten behaupteten Bedeutung haben kann[15], erscheint daher im wahrsten Sinne des Wortes frag-würdig; ebenso wie die These, die neue Deutung des Widerstandsrechts stelle eine Aufforderung zur Selbstjustiz oder gar eine Erleichterung des Bürgerkrieges dar[16]. Diesen Problemen kann hier jedoch nicht nachgegangen werden, weil sie zu weit vom Thema wegführen würden. Stattdessen wenden wir uns nun der Auffassung vom Widerstandsrecht zu, die ich bereits in der Einleitung als diejenige des Abgeordneten *Stammberger* (SPD) skizziert und zum Ausgangspunkt der weiteren Erörterungen gewählt habe:

In der 175. Sitzung des Bundestages vom 16. 5. 1968, in der nicht mehr über das Widerstandsrecht des Art. 20 IV GG, sondern den Einsatz der Polizei bzw. der Bundeswehr gegen organisierte und militärisch bewaffnete Aufständische debattiert wurde, führte Stammberger aus:

> „Als wir gestern über das Widerstandsrecht in Art. 20 diskutierten, hat Herr Kollege Bucher gesagt, daß es eines solchen Widerstandsrechtes —, und, meine Damen und Herren, auch hier[17] handelt es sich letzten Endes um ein Widerstandsrecht —, in einer demokratischen Verfassung eigentlich gar nicht bedürfe ...[18].“

Der Abgeordnete begreift hier also auch den Einsatz von Polizei und Bundeswehr d. h. von Mitteln öffentlicher Gewalt gegen Aufständische als Ausübung des Widerstandsrechtes. Neben das Widerstandsrecht gegen

---

[12] *Schönke-Schröder*, Strafgesetzbuch, § 53 StGB Rdziff. 8.

[13] bspw. RGSt 63, 220.

[14] *Schönke-Schröder*, Strafgesetzbuch, § 53 StGB Rdziff. 8.

[15] *v. Peter*, DÖV 68, 71 ff. bezeichnet diese Auslegung als verfassungsrechtlich geregelten Fall der Staatsnotwehr oder Staatsnothilfe; ebenso *Kröger*, Widerstandsrecht S. 9 und *Doehring*, in: Der Staat, Bd. 8, S. 437 mit allerdings etwas abweichender Terminologie: Staatsnotwehr auch gegen Staatsorgane, die Verfassungsmißbrauch betreiben; Widerstand gegen die bestehende Rechtsordnung, ohne Revolution zu sein (431/432) vgl. auch *Bertram*, Widerstandsrecht, S. 43; *Herzog*, in: Festschrift für A. Merkl, S. 103; *Isensee*, Widerstandsrecht, S. 39 ff. und Hans *Schneider*, Widerstand, S. 19.

[16] Vgl. dazu etwa *Hesse*, Grundzüge, S. 295; *Kempen*, in: Sterzel, Kritik ..., S. 79; *Scholler*, in: Der Staat, Bd. 8, S. 36 und *Stein*, Lehrbuch, S. 240.

[17] Gemeint ist der Einsatz der Polizei bzw. der Bundeswehr gem. dem jetzt geltenden Art. 87a Abs. 4 GG.

[18] Sten. Bericht V, S. 9450.

den „Staatsstreich von oben“, dessen Träger die Gewaltunterworfenen sind, und das Widerstandsrecht gegen den „Staatsstreich von unten“, das von Gewaltunterworfenen gegen Gewaltunterworfene ausgeübt wird, tritt in dieser Äußerung Stammbergers ein dritter Fall des Widerstandsrechtes zutage: das Widerstandsrecht, das bei einem „Staatsstreich von unten“ zumindest der Bundesregierung[19] als demjenigen staatlichen Organ, das gem. Art. 87 a IV GG über den Einsatz von Polizei und Bundeswehr zu entscheiden hat, zuerkannt wird. Damit erhält das Widerstandsrecht eine dritte Stoßrichtung, die zwar ebenso wie das klassische Widerstandsrecht in der vertikalen Ebene liegt, aber diesmal genau entgegengesetzt von oben nach unten verläuft[20].

Ob damit die endgültige Pervertierung des klassischen Widerstandsrechts erreicht ist oder nur eine momentane Begriffsverwirrung vorliegt, soll dahingestellt bleiben. Denn von entscheidender Bedeutung im Sinne der Einleitung ist hier nur, ob die Auffassung Stammbergers mit Wortlaut und Sinn des Art. 20 IV GG vereinbar ist, ob also diese Verfassungsvorschrift tatsächlich als eine „Legaliätsreserve“ für die Träger des Staatsnotstandsrechtes angesehen werden kann; oder anders ausgedrückt: ob die Bundesregierung oder ein anderer Träger öffentlicher Gewalt tatsächlich mit Erfolg das Widerstandsrecht des Art. 20 IV GG für sich in Anspruch nehmen könnte, wenn sie eines „Staatsstreichs von unten“ mit den durch die Notstandsverfassung zur Verfügung gestellten Mitteln nicht mehr Herr würden[21]?

2. Kap.: Auslegung des Art. 20 IV GG nach der „klassischen“ Theorie

Die Vieldeutigkeit des Art. 20 IV GG läßt eine Beantwortung der Ausgangsfrage unmittelbar aus seinem Wortlaut nicht zu. Vielmehr bedarf es einer eingehenden Interpretation dieser Vorschrift, wenn Aussagen über ihren Gehalt überzeugend begründet werden sollen. Folgt man zunächst der „klassischen“[1] Auslegungstheorie, auf die das

[19] Ob *Stammberger* das Widerstandsrecht auf die Reg. beschränkt wissen will, ist seinem Beitrag nicht zu entnehmen.

[20] Diesen Fall, der uns allein noch beschäftigen wird, bezeichnet auch *Isensee* nicht mehr als einen Fall des Widerstandsrechts, sondern als klaren Fall eines Staatsnotstandes; vgl. Widerstandsrecht, S. 38 f.

[21] Diese Frage ist bisher, soweit ersichtlich, aufgeworfen, aber nur kurz oder gar nicht erörtert worden von *Doehring*, in: Der Staat, Bd. 8, S. 430, Fußn. 4 (skeptisch); *Isensee*, Widerstandsrecht, S. 48 (verneinend); *Kröger*, Widerstandsrecht, S. 11 (verneinend); H. *Schneider*, Widerstand, S. 16 (bejahend); *Scholler*, in: Der Staat, Bd. 8, S. 19 ff. (verneinend).

[1] So wird sie von *Forsthoff*, Problematik, S. 39 bezeichnet, weil ihre Grundprinzipien auf Savigny zurückgeführt werden.

Bundesverfassungsgericht immer wieder abgestellt hat, so ist „für die Auslegung einer Gesetzesvorschrift der in dieser zum Ausdruck kommende objektivierte Wille des Gesetzgebers maßgebend, wie er sich aus dem Wortlaut der Gesetzesbestimmung und dem Sinnzusammenhang ergibt, in den diese hineingestellt ist"[2]. Und diesem Auslegungsziel dienen „die Auslegung aus dem Wortlaut der Norm (grammatische Auslegung), aus ihrem Zusammenhang (systematische Auslegung), aus ihrem Zweck (teleologische Auslegung) und aus den Gesetzesmaterialien und der Entstehungsgeschichte (historische Auslegung)"[3].

I. Grammatikalische, teleologische und historische Auslegung

Schon aus dem Wortlaut des Art. 20 IV GG ergeben sich insofern Bedenken gegen die Auffassung Stammbergers, auch die Bundesregierung oder die Landesregierungen könnten sich auf ein Widerstandsrecht berufen, als es sich bei diesen angeblichen Trägern des Widerstandsrechts lediglich um Verfassungsorgane handelt, Art. 20 IV GG aber nur allen *Deutschen* das Recht zum Widerstand einräumt. Da Verfassungsorgane niemals die Eigenschaft erlangen können, Deutscher zu sein, wäre der Gedanke Stammbergers schon aus diesem Grunde zu verwerfen. Es hieße jedoch, sich mit einem Formalismus zufriedenzugeben, wollte man sich bereits mit einem solchen Ergebnis begnügen. Denn es darf nicht übersehen werden, daß Art. 20 IV GG unterschiedslos *alle* Deutschen zum Träger des Widerstandsrechtes macht, also auch die Mitglieder der genannten Verfassungsorgane wie bspw. den Bundeskanzler oder die Bundesminister. Dem bloßen Wortlaut nach kann nicht einmal bei diesem Personenkreis Halt gemacht werden, sondern es sind auch die Staatssekretäre, die Polizeipräsidenten und alle sonstigen Amtswalter mit einzubeziehen[4, 5].

---

[2] BVerfGE 1, 299 (312); ähnlich 6, 55 (75); 10, 234 (244); 11, 126 (130).

[3] BVerfGE 11, 126 (130). Die Frage, ob das BVerfG selber diese Interpretationsregeln immer eingehalten hat oder von ihnen abgewichen ist, kann hier dahingestellt bleiben. Immerhin hat es den Wortlaut einer Norm „zugunsten einer sinngemäßen Anwendung und Fortbildung der Grundsätze des Grundgesetzes" (BVerfGE 2, 347, 374) oder „wenn eine sinnvolle Anwendung des Gesetzes (es) fordert" (BVerfGE 9, 89, 105) zurücktreten lassen, obwohl es an anderer Stelle den Gesetzeswortlaut als absolute Grenze der Interpretation ansieht (BVerfGE 8, 38, 41); ähnlich auch BVerfGE 8, 210 (221); 13, 261 (268); 14, 260 (262). Außerdem zieht es politische und soziologische Tatsachen zur Auslegung heran wie bspw. in BVerfGE 3, 288 (301); 9, 305 (323 f.); vgl. dazu auch bspw. die Kritik von *Ossenbühl*, DÖV 65, 653 mit weiteren Literaturnachweisen.

[4] Angesichts des klaren Begriffs „Deutscher" könnte das Widerstandsrecht den Amtswaltern wohl kaum allein unter Hinweis auf seinen historischen Gehalt abgesprochen werden. Im übrigen widerspräche es dem Gedanken der egalitären Demokratie, das Widerstandsrecht nur bestimmten Institutionen oder politischen Eliten zuzuweisen, obwohl dadurch möglicherweise eine größere Gewähr für Sachkunde und Erfolgswert gegeben wäre (vgl. *Isensee*,

Die durch den Gedanken Stammbergers aufgeworfene Frage muß daher richtigerweise dahingehend gestellt werden, ob sich die Mitglieder der Bundesregierung oder jeder andere Amtswalter mit Erfolg auf das Widerstandsrecht des Art. 20 IV GG zur Rechtfertigung von außerverfassungsmäßigen Maßnahmen gegen einen Staatsstreich „von unten“ berufen könnten[6]. Pointiert ausgedrückt: Ist den genannten Personen als Mitgliedern eines Verfassungsorgans oder als Amtswaltern verboten, was ihnen als Deutschen erlaubt ist?

Stammbergers Antwort auf diese Frage könnte nur zugunsten einer Rechtfertigung aus Art. 20 IV GG ausfallen. Dem stehen auch weder der Normzweck[7] noch die Entstehungsgeschichte oder die Gesetzesmaterialien entgegen. Allein bei der systematischen Auslegung ergeben sich Bedenken. Denn „unter mehreren dem Wortsinn nach ‚möglichen‘ Bedeutungen hat sie (die systematische Auslegung) derjenigen den Vorzug zu geben, die im Gesamtzusammenhang der betreffenden Regelung einen durchgehenden, verständlichen Sinn ergibt[8], weil ‚die Rechtsordnung als Normenkomplex‘ nicht nur eine Summe von Rechtssätzen, sondern eine einheitliche Regelung“[9] ist. Es gibt „keine einzelne Rechtsnorm für sich, sondern nur Rechtsnormen, die in ihrem Zusammenhang gelten“[10]. Dementsprechend wird auch in der verfassungstheoretischen Diskussion davon ausgegangen, daß es sich bei der Verfassung[11] um

---

Widerstandsrecht, S. 46 f., 49 f.). *Heyland,* Widerstandsrecht, S. 87, zieht in bezug auf Art. 147 Hess. Verf. den widerstandberechtigten Personenkreis in der Tat so weit wie hier angedeutet, begrenzt aber die Stoßrichtung des Widerstandsrechtes eindeutig auf die verfassungswidrige Ausübung öffentlicher Gewalt.

[5] Aus dem Begriff des „Deutschen“ ergibt sich zumindest theoretisch ein vierter Fall des Widerstandsrechts: Wie nämlich die Rechtslage zu beurteilen ist, wenn die Bewohner der DDR und die dortigen Träger der öffentlichen Gewalt unter Berufung auf Art. 20 IV GG für sich in Anspruch nehmen, in bundesrepublikanische Vorgänge einzugreifen. Dieser Frage soll hier nicht nachgegangen werden. Sie wird durchweg negativ beantwortet. Vgl. etwa *Isensee,* Widerstandsrecht, S. 50 f.; *Kröger,* Widerstandsrecht, S. 10; Hans *Schneider,* Widerstand, S. 15 f.

[6] Hans *Schneider,* Widerstand, leitet auf S. 16 aus § 35 Abs. 1 S. 3 BRRG eine unmittelbare Rechtspflicht des Beamten ab, von seinem Recht nach Art. 20 IV GG Gebrauch zu machen und räumt auch einem Vorgesetzten das Recht ein, seine Untergebenen zur Teilnahme an der „Verfassungshilfe“ anzuhalten.

[7] Daß der Normzweck wesentlich im politischen Bereich liegt und die Ausdehnung des klassischen Widerstandsrechtes gerade intendiert, wird anhand der zitierten Äußerungen von Abg. deutlich. Als weiterer, dem Ergebnis aber nicht entgegenstehender, Normzweck wurde von dem Abg. Dr. *Even* (CDU/CSU) die erzieherische Wirkung auf den Staatsbürger genannt. Vgl. Sten. Bericht V/ S. 9367.

[8] *Larenz,* Methodenlehre, S. 305.

[9] *Larenz,* ebd.

[10] *Sómlo,* Juristische Grundlehre, S. 382, zitiert nach *Larenz,* Methodenlehre, S. 305.

[11] unabhängig von dem jeweils verwendeten Verfassungsbegriff.

ein einheitliches Sinn- und Ordnungssystem handle, weshalb die verfassungsrechtlichen Einzelprobleme auch nur „im Rahmen des Ganzen“[12], im „Sinnzusammenhang mit den übrigen Vorschriften der Verfassung“[13] richtig gesehen und bewältigt werden könnten. Entsprechend dieser Forderung an eine systematische Auslegung ist daher zu prüfen, ob und gegebenenfalls inwieweit sich dieses „Widerstandsrecht der Amtswalter“ als ein Reserve-Notstandsrecht in das System grundgesetzlicher Notstandsregelungen einfügen läßt.

II. Systematische Auslegung

Eine sinnvolle Erörterung dieses Problems setzt die Skizzierung eines solchen „Widerstandsrechtes“ voraus, ohne daß dabei auf die Problematik des Widerstandsrechts in vollem Umfang eingegangen werden könnte[14].

1. *Skizzierung des Widerstandsrechtes der Amtswalter*

a) Der Widerstandsfall

Voraussetzung für die Ausübung des Widerstandsrechtes ist das Vorliegen eines Widerstandsfalles. Dieser wäre in unserem konkreten Zusammenhang durch den Versuch[15] gesellschaftlicher Gruppierungen gekennzeichnet, die in Art. 20 Abs. 1 - 3 GG definierte verfassungsmäßige Ordnung[16] zu „beseitigen“. Wann ein solcher Versuch vorliegt, dürfte allerdings oft schwer zu entscheiden sein[17]. Fällt es schon im Strafrecht

[12] *Kägi*, Verfassung, S. 13.

[13] BVerfGE 1, 32 f. Das BVerfG unterscheidet an dieser Stelle allerdings nicht streng zwischen der systematischen Auslegung, aus der sich die Forderung der Einheit der Verfassung ableitet, und der Auslegung aus dem „materialen Zusammenhang der Verfassung“ (Ehmke), dem vorverfassungsmäßigen Gesamtbild und den „verfassungsrechtlichen Grundentscheidungen“ (BVerfG, ebd.), auf die später noch zurückzukommen sein wird.

[14] Aus der unübersehbaren Literatur seien hier nur die neueren Arbeiten von *Bertram*, Widerstandsrecht; *Doehring* in: Der Staat, Bd. 8, S. 429 ff.; *Isensee*, Widerstandsrecht; *v. Peter*, DÖV 68, 719 ff.; *Scheidle*, Widerstandsrecht; Hans *Schneider*, Widerstand; René *Schneider*, Widerstandsrecht, und *Scholler* in: Der Staat, Bd. 8, S. 19 ff. genannt.

[15] Der Begriff des „Unternehmens“ umfaßt sowohl den Versuch als auch die Vollendung; vgl. Schriftlicher Bericht des Rechtsausschusses, Bundestagsdrucksache V/2873 (Abg. Dr. Lenz, Bergstraße) zu § 1 Nr. 2bb (Art. 20 IV GG). Auch im Strafrecht hat der Begriff diese Bedeutung, wie § 46a StGB zeigt.

[16] Über dieses Angriffsobjekt besteht Einigkeit; vgl. etwa *Bertram*, Widerstandsrecht, S. 52; *Isensee*, Widerstandsrecht, S. 14; *Scheidle*, Widerstandsrecht, S. 147; *Schmidt-Bleibtreu-Klein*, Kommentar, Art. 20 IV, Rdziff. 18.

[17] Um eine Abgrenzung bemüht sich mit nicht sehr großem Erfolg *Isensee*, Widerstandsrecht, S. 21 ff. Kritisch dazu auch *Kröger*, Widerstandsrecht, S. 13 f.

nicht immer leicht, die bloße Vorbereitungshandlung vom begonnenen Versuch zu unterscheiden, so werden die Schwierigkeiten noch dadurch erhöht, daß es laut Bericht des Rechtsausschusses nicht wie beim Verfassungshochverrat des § 81 StGB auf die Anwendung oder Androhung von Gewalt ankommen, sondern jedes andere Angriffsmittel genügen soll[18]. Damit kann grundsätzlich auch der nur geistig Agitierende zum Widerstandsgegner werden[19]. Die dadurch nahezu unbegrenzte Zahl von Widerstandsfällen könnte allenfalls von dem Begriff des „Beseitigens“ her eine Einschränkung erfahren. Denn damit kann nicht der bewußte Verstoß gegen einzelne Verfassungsvorschriften gemeint sein, sondern der Angriff muß zumindest die Zerstörung wesentlicher Bestandteile unseres Verfassungssystems zum Ziel haben[20]. Je nach dem Grade seines Selbstbewußtseins und seines Vertrauens in die Wirksamkeit der demokratischen Institutionen wird der jeweilige Träger des Widerstandsrechtes jedoch sehr unterschiedlich beurteilen, ob tatsächlich ein *wesentlicher* Bestandteil unseres Verfassungssystems bedroht ist. Infolgedessen wären die jeweiligen Amtswalter bei ihrer Entscheidung, von dem Widerstandsrecht Gebrauch zu machen, letzten Endes weitgehend auf sich selbst gestellt. Das Risiko einer Fehlentscheidung läge jedoch nicht bei ihnen, sondern in erster Linie bei dem durch die Widerstandsmaßnahmen unmittelbar Betroffenen, in zweiter Linie eventuell auch bei der staatlichen Gemeinschaft[21].

b) Subsidiarität des Widerstandsrechtes

Gemildert würde dieses Ergebnis allerdings dadurch, daß selbstverständlich auch für die Angehörigen der staatlichen Organe und Behörden das Subsidiaritätsprinzip gälte, wie es vom Bundesverfassungsgericht in seinem KPD-Urteil zum Ausdruck gebracht worden ist[22] und im letzten Halbsatz des Art. 20 IV GG seinen Niederschlag gefunden hat. Danach hat jeder Träger des Widerstandsrechtes zunächst von den

---

[18] Vgl. Bundestagsdrucksache V/2873 (Abg. Dr. Lenz, Bergstraße) zu § 1 Nr. 2bb.

[19] *Scheidle*, Widerstandsrecht, S. 151, glaubt aus diesem Grunde, Befürchtungen, die im Widerstandsrecht des Art. 20 IV GG eine nachträgliche Legitimierung des Attentats auf Dutschke sehen, nicht ohne weiteres von der Hand weisen zu können.

[20] Vgl. *Isensee*, Widerstandsrecht, S. 20 f.; *Kempen* in: Sterzel, Kritik ..., S. 72 f.

[21] und das im Grunde auch nur in Form einer Haftungsübernahme für entstandene Schäden; je nach persönlicher Einstellung vielleicht auch in Form einer metaphysischen Schuld.

[22] BVerfGE Bd. 5, 87: „Alle von der Rechtsordnung zur Verfügung gestellten Rechtsbehelfe müssen so wenig Aussicht auf wirksame Abhilfe bieten, daß die Ausübung des Widerstandes das letzte verbleibende Mittel zur Erhaltung oder Wiederherstellung des Rechts ist.“

ihm verfassungsmäßig gewährten Abwehrrechten Gebrauch zu machen, ehe er das Widerstandsrecht in Anspruch nehmen darf. Entsprechend müßten die Amtswalter von den ihnen durch das politische Strafrecht, die Art. 9 II, 18 und 21 II GG sowie die mit der Notstandsverfassung neu eingeführten Art. 87 a IV und 91 I GG an die Hand gegebenen Möglichkeiten Gebrauch machen, ehe sie auf das Widerstandsrecht des Art. 20 IV GG zurückgriffen. Eine Umgehung der insbesondere in den Art. 87 a IV und 91 GG enthaltenen Vorschriften schiede also aus, weil das Widerstandsrecht der Amtswalter nicht als ein *neben* allen anderen bestehendes, sondern nur als letztes Abwehrmittel verstanden werden könnte[23].

Dennoch ist eine Inanspruchnahme des Art. 20 IV GG durch einen Amtswalter nicht ausschließlich theoretischer Natur. Gewiß ist nur schwer ein Fall „innerer Unruhen" vorstellbar, den nicht wenigstens die Bundesregierung mit ihrem Weisungsrecht gegenüber den Polizeikräften der Länder, dem Einsatz des Bundesgrenzschutzes und der Bundeswehr meistern könnte. Auch wenn man berücksichtigt, daß nach der wohl herrschenden Meinung der Einsatz der Bundeswehr ausschließlich nach polizeilichen Grundsätzen zuzulassen ist[24] und der Bundesregierung Eingriffe in die Grundrechtssphäre verboten sind, so dürften sich die Probleme doch weniger auf dem Bereich der zur Verfügung stehenden Mittel als vielmehr im Bereich der Kompetenzregelungen ergeben. Die Kompetenz für die nach den Art. 91 II, 87 a IV GG zu treffenden Entscheidungen haben diese Vorschriften nämlich allein der Bundesregierung zugewiesen; und in beiden Vorschriften ist die Bundesregierung als Ganzes, also als das aus Bundeskanzler und Bundesministern zusammengesetzte Kabinett zu verstehen[25]. Eine

---

[23] Vgl. *Isensee*, Widerstandsrecht, S. 32/33 und 38 sowie *Kempen* in: Sterzel, Kritik ..., S. 75 f. und S. 78 f. Die Subsidiaritätsklausel führt dazu, daß die in den Art. 87a IV und 91 GG genannten Staatsorgane erst dann die Bevölkerung zum Widerstand aufrufen dürfen, wenn die ihnen in diesen Vorschriften zur Verfügung gestellten Mittel versagen. Umgekehrt darf der Bürger erst dann Widerstand leisten, wenn die Träger der öffentlichen Gewalt ihre Mittel erschöpft haben: was diesen einen enormen Legalitätsvorsprung verschafft, der durch ein Widerstandsrecht der Amtswalter nochmals erheblich vergrößert würde und den Widerstand eines Bürgers zum theoretischen Fall werden ließe.

[24] Zustimmend *Schmidt-Bleibtreu-Klein*, Kommentar, Art. 87a Rdziff. 8a, mit weiteren Nachweisen, zu Unrecht jedoch mit Bezug auf *Benda*, Notstandsverfassung Erl. zu Art. 87a IV GG, der in diesem Punkte nicht ganz eindeutig ist; anders jedoch in der 175. Sitzung des Bundestags vom 16. Mai 1968 Sten. Bericht S. 9450. Widersprüchlich *Evers*, BK Art. 91 Rdziff. 13 einerseits und Knut *Ipsen*, BK Art. 87a, Rdziff. 177 andererseits.

[25] Für Art. 91 n. F. GG vertreten diese Auffassung: *Evers*, in BK Art. 91 Rdziff. 54, *Hoffmann* in: Sterzel, Kritik ..., S. 96; *Schmidt-Bleibtreu-Klein*, Kommentar Art. 91 Rdziff. 4, S. 676. Für Art. 91 a.F. auch noch *Maunz* in Maunz-Dürig, Kommentar, Rdziff. 33. Bei Art. 87a IV GG sprechen sich für die Notwendigkeit eines Kabinettsbeschlusses auch noch aus: Claus *Arndt*, DVBl 68, S. 729 ff. (732); Knut *Ipsen*, in BK Rdziff. 160 und *Schmidt-Bleibtreu-Klein*, Kommentar, Rdziff. 8.

Delegation an einen Minister oder an einen Beauftragten ist daher allenfalls für die Entscheidungen über den tatsächlichen Einsatz der Polizeikräfte und des Bundesgrenzschutzes zulässig[26]. Wie immer, wenn bestimmte Befugnisse bei einem einzigen Organ zusammenlaufen, ergibt sich daraus die Frage, was geschehen soll, wenn dieses Organ einmal ausfällt — sei es, daß die Regierungsmitglieder nicht alle zu erreichen sind, sei es, daß sie zwar zusammengetreten, von der Außenwelt aber durch die Aufständischen isoliert worden sind? In einem solchen Fall könnte die große Stunde des „Widerstandsrechtes“ schlagen, das ja gerade nicht nur der Bundesregierung, sondern allen Trägern der öffentlichen Gewalt, also auch Generälen, Offizieren, einzelnen Ministern oder Staatssekretären etc. die Befugnis einräumen soll, die zur Gefahrenabwehr erforderlichen Maßnahmen zu ergreifen. Denn offensichtlich würde eine durchnormierte Ausnahmeregelung ohne generalklauselartige Ermächtigung wie die Notstandsverfassung diesen Ausnahmesituationen nicht gerecht, so daß die Amtswalter nur zu gerne auf die „Legalitätsreserve“ des Art. 20 IV GG zurückgreifen wollen könnten.

c) Das Widerstandsziel

Das Ziel des Widerstandes umschreibt das BVerfG dadurch, daß es in seiner bereits erwähnten Entscheidung das Widerstandsrecht „als Notrecht zur Bewahrung oder Wiederherstellung der Rechtsordnung“[27] charakterisiert. Das Widerstandsrecht kann daher nicht für einen gewaltsamen Umsturz der bestehenden Rechtsordnung zugunsten einer künftigen, angeblich besseren Ordnung in Anspruch genommen werden, ist also keine Legitimation für eine Revolution[28].

d) Die Mittel des Widerstandes

Hinsichtlich der bei der Ausübung des Widerstandsrechtes zulässigen Mittel haben die Widerstandsaktionen im Dritten Reich ein reiches Anschauungsmaterial möglicher Verhaltensweisen geliefert[29]. Für sie alle gelten sowohl nach der Auffassung der Literatur als auch nach der

---

[26] Vgl. *Evers* in BK Art. 91 n. F. Rdziff. 54.

[27] BVerfGE 5, 87.

[28] So *Bertram*, Widerstandsrecht, S. 43 ff.; *Isensee*, Widerstandsrecht, S. 52 ff.; *Scheidle*, Widerstandsrecht, S. 30; *Schmidt-Bleibtreu-Klein*, Kommentar, Art. 20 IV GG, Rdziff. 19. Die Abgrenzung Widerstand und Revolution ist Gegenstand einer eingehenden Untersuchung von *Bertram*, Widerstand. Sie bleibt jedoch bei der hier aufgezeigten klassischen Unterscheidung stehen, während *Scheidle*, a.a.O., S. 123 ff. aufzeigt, daß sich Widerstand und Revolution insbesondere in einem totalitären Staat kaum trennen lassen.

[29] Vgl. *Ehlers*, Technik; *Rothfels*, Opposition.

Rechtsprechung die Grundsätze der „ultima-ratio“, der Subsidiarität, der Verhältnismäßigkeit, der Erforderlichkeit und der Erfolgsaussicht, die sich in dem Grundsatz des Übermaßverbotes zusammenfassen lassen[30]. Auch ließe sich von einer Zweck-Mittel-Relation sprechen, „wonach Mittel einzusetzen sind, welche zwar effektiv, aber mit möglichst geringer Schadenswirkung insbesondere für Dritte verbunden sind“[31]. Über diese Grundsätze hinaus ist jedoch eine normative Bestimmung der zulässigen Mittel des Widerstandes praktisch undurchführbar, da sich der Verlauf der künftigen Widerstandsfälle mit ihrer Vielzahl von unbestimmbaren Faktoren nicht vorhersehen läßt und das Widerstandsrecht insofern „das Schicksal jeder Notstandsregelung teilt: der normale Fall läßt sich nicht normieren; die Anomalie entzieht sich der sachlichen Regelung“[32]. Das bedeutet aber nichts anderes, als daß die Entscheidung nicht nur über das „wann“, sondern auch über das „wie“ weitgehend dem Träger des Widerstandsrechtes überlassen bleiben muß — einer Blankovollmacht nicht unähnlich.

Besonders gravierend ist dieser Umstand im Hinblick auf die viel weiter reichenderen Mittel, die den Amtswaltern zur Verfügung stehen. Dabei ist nicht nur an die Polizei und die Streitkräfte zu denken, sondern auch an den Erlaß von Rechtsverordnungen. Dabei käme es nicht mehr darauf an, ob zum Erlaß von Rechtsverordnungen eine Ermächtigung des Gesetzgebers vorläge, wie dies Art. 80 GG vorsieht, da im Widerstandsfall eben prinzipiell jedes Mittel zulässig ist, solange es nur an dem Grundsatz des Übermaßverbotes orientiert ist. Auch Eingriffe in die Grundrechtssphäre wären daher als grundsätzlich zulässig anzusehen.

Soll sich das „Widerstandsrecht der Amtswalter“, wie es soeben skizziert wurde, nahtlos in das System grundgesetzlicher Notstandsregelungen einfügen, so müssen seine Grundstrukturen denjenigen des Staatsnotstandsrechtes entsprechen; die Voraussetzungen für seine Inanspruchnahme, seine Ziele und seine Mittel müssen also im wesentlichen die gleichen sein. Bevor jedoch in einen Vergleich der beiden Institute eingetreten werden kann, bedarf es noch einer begrifflichen Klärung der Worte Staatsnotstandsrecht und Staatsnotrecht, da es an einer klaren Terminologie in der staatsrechtlichen Diskussion seit 1945 fehlt.

---

[30] *Scheidle*, Widerstandsrecht, S. 31.

[31] So Peter *Schneider*, AöR 89 (1964), S. 1 ff. (21). Ähnlich äußern sich auch noch *Isensee*, Widerstandsrecht, S. 70 ff.; Hans *Schneider*, Widerstand, S. 17.

[32] Hans *Schneider*, Widerstand, S. 20; vgl. auch *Isensee*, Widerstandsrecht, S. 63 und *Scheidle*, Widerstandsrecht, S. 137.

2. *Das Widerstandsrecht als ein Fall des Staatsnotstandsrechts*

a) Begriffliche Klärung

Die Begriffe Staatsnotstandsrecht und Staatsnotrecht bezeichnen jenen Problemkreis, in dem es um die Befugnisse staatlicher Organe geht, in einer staatlichen Notlage, deren sie mit den normalen Mitteln verfassungsmäßiger Tätigkeit nicht mehr Herr werden können, zu außerverfassungsmäßigen Mitteln greifen zu dürfen. Die damit verknüpfte Diskussion ist so alt wie der konstitutionelle Staat überhaupt[33]. Den im Laufe der Geschichte angebotenen Lösungsmöglichkeiten nachzugehen, würde jedoch nicht nur den Rahmen dieser Arbeit sprengen, sondern angesichts der je verschiedenen Verfassungslagen nur wenig zur Lösung der uns heute gestellten Probleme beitragen[34]. Lediglich die staatstheoretische Diskussion der Weimarer Zeit bildet insoweit eine Ausnahme — nicht nur, daß sie auf einer parlamentarischen und republikanischen Verfassung basierte, sondern auch, daß die Erörterungen und Überlegungen des Parlamentarischen Rates immer wieder auf deren Auffassungen und die in der Staatspraxis der Weimarer Zeit gemachten Erfahrungen zurückgriffen, ist Anlaß genug, sich mit deren Begriffsbildung und ihren Inhalten auseinanderzusetzen. Dabei fällt auf, daß sich die damalige Staatsrechtstheorie mit ganz wenigen Ausnahmen einer eindeutigen und einheitlichen Terminologie befleißigte[35], an deren Stelle in der bundesrepublikanischen Diskussion leider eine Begriffsverwirrung getreten ist, die einer Klärung der Probleme gewiß nicht förderlich war. So bereit man offensichtlich war, aus den Erfahrungen der Weimarer Republik zu lernen, so sehr war man vielleicht auch bestrebt, die mit den Negativ-Erfahrungen verbundenen Begriffe wie Staatsnotrecht, Ausnahmerecht etc. über Bord zu werfen, damit diese nicht als Reizworte die Debatte von vornherein emotional belasteten.

So war nämlich von „Recht des Ausnahmezustandes"[36] oder „Ausnahmerecht"[37] immer nur im Zusammenhang mit dem berühmt-berüchtigten Art. 48 WRV und den sich daraus ergebenden Befugnissen des

---

[33] Wobei der Begriff des Konstitutionellen weit auszulegen ist, so daß also auch der römische oder der mittelalterliche Staat darunter zu zählen sind. Kein Problem ergibt sich nur in der schrankenlosen Tyrannis. Auf den demokratisch verfaßten Staat beschränkt sehen dieses Problem *Camus*, Etat, S. 30 und *Töndury*, Begriff, S. 28.

[34] Zur Geschichte seit der Aufklärung vgl. den kurzen Abriß bei *Siegers*, Staatsnotrecht, S. 3 - 18.

[35] Das stellt auch *Siegers*, Staatsnotrecht, S. 26, fest.

[36] So bspw. bei *Forsthoff*, in: Annalen, S. 138 ff.; *Friedmann*, Ausnahmezustand; *Gmelin*, in: Handbuch Bd. III, S. 156 ff.; *Nielsen*, Ausnahmezustand; *Strupp*, AöR N. F. Bd. 5, S. 182 ff.

[37] So *Brecht* in: v. Brauchitsch, Verwaltungsgesetze, Bd. II, S. 246 ff.

Reichspräsidenten die Rede. Diesem — verfassungsmäßig geregelten — „Recht des Ausnahmezustandes" wurde dann das „Staatsnotrecht" als eine Befugnis gegenübergestellt, die sich aus einer Rechtsordnung außerhalb des geschriebenen Verfassungsrechts ableitet[38]. Der Begriff „Staatsnotstandsrecht" hingegen erscheint erst nach 1945 in der staatsrechtlichen Diskussion[39], nachdem er in der Weimarer Zeit praktisch nur im Hinblick auf § 53 StGB, also in einem Problembereich verwandt wurde, der heute mit dem Begriff Staatsnotwehr bzw. Staatsnothilfe abgedeckt wird[40, 41]. Nicht zuletzt deshalb hat seine Übernahme in das Staatsrecht zu Mißverständnissen geführt[42].

Wie bereits erwähnt, ist diese klare Terminologie nach 1945 verloren gegangen.

So setzten die meisten Autoren an die Stelle des Begriffs „Rechte des Ausnahmezustandes" den Begriff „Staatsnotstandsrecht"[43], weshalb heute durchgängig von der Notstandsverfassung die Rede ist. Außerdem ging der Begriff des Staatsnotrechts weitgehend verloren[44], weil er zumeist als ein Synonym für den Begriff des „Staatsnotstandsrechts" verwendet wurde und wird[45], so daß praktisch nur noch der Begriff des „Staatsnotstandrechts" zur Verfügung steht. Daß durch diese begriffliche

---

[38] So die Fußn. 36 angegebene Literatur und bspw. G. *Anschütz*, Kommentar, S. 276/277; *Badura*, in: RuPrVBl. 1932, S. 987; *Kaufmann*, Problematik, S. 14; *Nawiasky* in: Staatslexikon, Bd. III, Sp. 1635 f.; *Projahn*, Staatsnotrecht, S. 39; *Rewoldt*, Staatsnotrecht, S. 67; C. *Schmitt*, in: VVDStRL 1, S. 63 ff. (83); *Steiger*, Staatsnotrecht, S. 37; *Thoma*, in Anschütz-Thoma, Handbuch, Bd. II, S. 231.

[39] Eine Ausnahme stellen für die Weimarer Zeit lediglich *Grau*, Diktaturgewalt, S. 16; *Nawiasky* in: RuPrVBl 1933, S. 141 dar. Ersterer verwendet aber im Handbuch von *Anschütz-Thoma*, Bd. II 1932, S. 276 die herrschende Terminologie. Immerhin könnte *Nawiasky* den Begriff des Staatsnotstandes als Oberbegriff verwendet haben, wie dies dann auch in der Zeit nach 1945 getan worden ist.

[40] Zur Verwendung des Begriffs im Strafrecht vgl. *Baron*, Notwehr; *Griebel*, Staatsnotwehr; *Labin*, Staatsnotwehr; *Stock*, in: Gerichtssaal Bd. 101 (1932), S. 148 ff.

[41] Zur Staatsnothilfe vgl. oben 1. Kapitel.

[42] So mit Recht *Mattenklott*, Staatsnotstand, S. 7.

[43] Der Begriff „Recht des Ausnahmezustandes" wird in seiner bisherigen Bedeutung nur noch verwandt von *Flor*, JR 54, 125 ff. (126) sowie von *Hesse*, DÖV 55, S. 741 ff., JZ 60, S. 105 ff., Grundzüge, S. 281, Staatslexikon, Sp. 607, wo er ausdrücklich darauf hinweist, daß das, was heute als Staatsnotstand bezeichnet werde, herkömmlich und wohl auch besser als Ausnahmezustand bezeichnet worden sei.

[44] In seiner alten Bedeutung findet er sich noch bei *Apelt*, Geschichte, S. 269; *Fleiner-Giacometti*, Bundesstaatsrecht, S. 788; *Flor*, JR 54, 126; *Maunz*, Staatsrecht, S. 191 f.; *Scheuner*, in: E. Kaufmann, Festgabe, S. 313 ff. (318).

[45] So bspw. von Adolf *Arndt*, Notstandsgesetz, S. 13; *Gather*, Notstandsrecht, S. 153; *Hesse*, DÖV 55, 741 Anm. 1, dessen begriffliche Unklarheit im Staatslexikon Sp. 607 ihren Höhepunkt findet. Danach kann „der Begriff Staatsnotrecht ein (subjektives) Notstandsrecht des Staates ... bezeichnen". *Mattenklott*, Staatsnotstand, S. 81/82; *Wägenbaur*, MDR 58, 881 ff.

Reduktion die staatsrechtliche Diskussion verarmte, leuchtet angesichts der für die Weimarer Zeit geschilderten Verhältnisse ein. Insbesondere besteht die Gefahr, Parallelen zum Notstandsrecht im Strafrecht zu ziehen, die aber für die staatsrechtliche Diskussion wenig fruchtbringend sind[46]. Angesichts der begrifflichen Verfestigung in bezug auf das Notstandsrecht als einer Bezeichnung für die in die geschriebene Verfassung aufgenommenen Ausnahmeregelungen dürfte allerdings der Versuch, die Begriffstrias der Weimarer Zeit wieder aufzunehmen, aussichtslos sein. Doch soll mit Rücksicht auf das noch keineswegs gefestigte Verhältnis der Begriffe „Staatsnotrecht" und „Staatsnotstandsrecht" zueinander an deren in der Weimarer Zeit vorgenommene Unterscheidung festgehalten werden[47, 48]. Da es sich bei Art. 20 IV GG um geschriebenes Verfassungrecht handelt, könnte sich demzufolge, wenn überhaupt, dann nur zu dem mit dem Begriff „Staatsnotstandsrecht" verbundenen Inhalt eine Parallele ergeben.

b) Der Staatsnotstandsfall „innere Unruhen"

Eine Zerlegung des Begriffs „Staatsnotstandsrecht" in seine beiden Bestandteile „Staatsnotstand" und „Recht"[49] zeigt allerdings, daß er

[46] So stellt *Töndury*, Begriff, auf S. 133 fest, daß „der Begriff des strafrechtlichen Notstandes als Ganzes nicht i. S. einer Modellvorstellung für den Begriff des staatlichen Notstandes verwendet werden kann" und allenfalls „die Voraussetzungen der Notstandsbefugnis für die Gewinnung eines Staatsnotstandsbegriffes als Vergleichsobjekt dienen können". Gegen eine Analogie wendet sich auch *Folz*, Staatsnotstand, S. 174 f.

[47] Die Kritik von *v. d. Heydte*, Laforet-Festschrift, Anm. 20 auf S. 69, die Trennung zwischen dem Ausnahmezustand als verfassungsmäßigem Rechtsinstitut und dem vom Gesetzgeber nicht vorgesehenen „Staatsnotrecht" beruhe auf einem zu engen formalistisch-positivistischen Verfassungsbegriff und entbehre der inneren Begründung, ist insoweit berechtigt, als die Frage nach der Legitimität einer Maßnahme nicht davon abhängig gemacht werden kann, ob sich zufällig in der Verfassungsurkunde eine Vorschrift findet oder nicht. Davon zu unterscheiden ist aber die Frage, ob eine Maßnahme legal ist, da sich insoweit aufgrund bestehender oder nicht bestehender Organisationsnormen eine unterschiedliche Beurteilung ergeben kann.

[48] Der Lösungsvorschlag von *Siegers, Staatsnotrecht*, S. 73, als Staatsnotrecht im materiellen Sinne alle Rechtssätze, die die Bekämpfung und Beseitigung staatsgefährdender Situationen zum Gegenstand haben, zu bezeichnen und diese vom Staatsnotrecht im formellen Sinne als dem Inbegriff der ungeschriebenen materiellen Notrechtssätze zu unterscheiden, bringt lediglich wieder eine neue Terminologie, ohne die Klarheit zu vergrößern. Im Gegenteil: die materiellen Notrechtsvorschriften werden in zwei Gruppen (formelle und nicht-formelle) gespalten und ausgerechnet die ungeschriebenen Rechtsnormen als die „formellen" bezeichnet.

[49] Der Begriff enthält zwar noch den wesentlichen und undefiniert gebliebenen Begriff des Staates, doch interessiert hier ohnehin nur der spezielle Fall der Art. 91 I, 87a IV GG, wie sich sogleich zeigen wird. Deshalb kann hier auch auf eine grundsätzliche Begriffsbestimmung, wie sie von *Töndury*, Begriff, versucht wird, verzichtet werden.

eine Vielzahl von Fallkonstellationen abdeckt. Generell könnte man nämlich als „Staatsnotstand" jede erhebliche, akute Notlage für den Bestand des Staates, seine verfassungsmäßige Grundordnung, seine obersten Organe oder das Volk als Ganzem bezeichnen, die mit den normalen Mitteln verfassungsmäßiger Tätigkeit nicht mehr zu beheben ist[50]. In dieser allgemeinen Form definiert kann aber „Staatsnotstand" eben nur ein Oberbegriff für verschiedene Erscheinungsformen des Staatsnotstandes sein[51]. Eine dieser Erscheinungsformen und die wegen ihrer Parallelität zum Widerstandsfall einzig interessierende ist diejenige, die die Art. 91, I und 87 a IV GG als eine drohende Gefahr für den Bestand oder die freiheitliche demokratische Grundordnung des Bundes oder eines Landes umschreiben, also der Fall der inneren Unruhen oder eines „Staatsstreichs von unten".

In diesem Fall des Staatsnotstandes ist das *Angriffsobjekt*, nämlich die freiheitliche demokratische Grundordnung, dasselbe, das auch im Widerstandsfall zu schützen ist. Denn Art. 20 IV GG nimmt mit der Wendung „diese Ordnung" auf die Absätze 1 - 3 dieses Artikels Bezug, in denen aber gerade die wesentlichen Elemente der freiheitlich- demokratischen Grundordnung und auch das Bundesstaatsprinzip aufgeführt werden[52].

Die im Fall „innerer Unruhen" nach Art. 87 a IV und 91 GG vorausgesetzte *Angriffsintensität* läßt sich dem aus dem Polizeirecht entlehnten Begriff der „drohenden Gefahr" entnehmen. Danach muß die Verletzung der in den genannten Artikeln des Grundgesetzes aufgeführten Schutzgüter ernstlich bevorstehen, es muß also mit hoher Wahrscheinlichkeit damit zu rechnen sein, daß sich die Gefahr ohne Abwehrmaßnahmen zur Verletzung konkretisiert[53].

Die Schwelle für den Notstandsfall scheint somit höher zu liegen als im Widerstandsfall, für dessen Auslösung ja bereits der „Versuch" genügen soll, die freiheitlich-demokratische Grundordnung zu beseitigen[54]. Zu bedenken ist aber, daß der Widerstandsfall nicht durch *jeden* derartigen Versuch charakterisiert ist, sondern nur durch einen, der die Beseitigung wesentlicher Bestandteile unseres Verfassungssystems zum Ziel hat[55]. Dadurch wird das „Unternehmen" im Sinne des Art. 20 IV

---

[50] So *Mattenklott*, Staatsnotstand, S. 9.

[51] *Mattenklott*, Staatsnotstand, S. 8, der dann auf Seite 10 ff. vier Haupterscheinungsformen unterscheidet: den Gesetzgebungsnotstand, den technischen Notstand, den Verfassungsnotstand und den Ausnahmenotstand.

[52] Vgl. dazu oben 2. Kap. II, 1a. Außer der dort genannten Literatur vgl. auch noch den Schriftlichen Bericht des Rechtsausschusses, BT-Drucksache V/2873 zu § 1 Nr. 2 bb sowie *Hesse*, Grundzüge, S. 294; Hans *Schneider*, Widerstand, S. 10; *Stein*, Lehrbuch, S. 240.

[53] Vgl. dazu *Drews-Wacke*, Polizeirecht, S. 56.

[54] Vgl. oben 2. Kap. II, 1a.

[55] Vgl. oben 2. Kap. II, 1a.

GG einer „drohenden Gefahr“ nach den Art. 87 a und 91 GG gleichgestellt. Wenn sich dennoch ein Unterschied in der vorausgesetzten Angriffsintensität ergibt, so liegt dieser in der für das Widerstandsrecht geltenden Subsidiarität begründet[56], wonach die den Staatsnotstand auslösende Situation schon vorgelegen haben muß, ehe überhaupt auf das Widerstandsrecht zurückgegriffen werden darf. Infolgedessen liegt die Schwelle für den Widerstandsfall entgegen dem ersten Anschein sogar höher als die für den Notstandsfall.

c) Das Ziel der Staatsnotstandsmaßnahmen

Liegt ein Fall „innerer Unruhen“ vor, so ist es das Ziel der Staatsnotstandsmaßnahmen, die daraus für die freiheitlich-demokratische Grundordnung oder den Bestand des Bundes oder der Länder entstehenden Gefahren „abzuwehren“. Die Notstandsmaßnahmen haben also das gleiche „konservierende“ Ziel wie die Aktionen des Widerstandes[57].

d) Die Mittel im Staatsnotstand

Erste Unterschiede zwischen dem Widerstandsrecht der Amtswalter und dem Staatsnotstandsrecht der Art. 87 a IV, 91 GG ergeben sich bei der Zulässigkeit der anzuwendenden Mittel. Die den Trägern des Staatsnotstandsrechtes zuerkannten Mittel sind nämlich im Gegensatz zu den im Widerstandsfall gegebenen Mitteln von vornherein beschränkt. So wird der Einsatz der Bundeswehr auf den Schutz von zivilen Objekten und die Bekämpfung organisierter und militärisch bewaffneter Aufständischer begrenzt. Ein Notverordnungsrecht ist ebenso wenig vorgesehen wie ein beschleunigtes Gesetzgebungsverfahren, von Eingriffen in die Grundrechtssphäre ganz zu schweigen. Außerdem stellen die Art. 91, 87 a IV GG dem bloßen Übermaßverbot des Art. 20 IV GG[58] die schriftliche Fixierung einer „kontrollierten Eskalation“[59] gegenüber, die sich aus der von Art. 91 I GG über Art. 91 II GG zu Art. 87 a IV GG langsam aufsteigenden Stufenfolge von Kompetenzerweiterungen und verstärktem Einsatz von Abwehrmitteln ergibt. Zwar liegt auch ihr der Grundgedanke des Übermaßverbotes zugrunde, der noch dadurch betont wird, daß innerhalb der einzelnen Stufen die anzuwendenden Maßnahmen an den polizeirechtlichen Grundsätzen der Erforderlichkeit

---

[56] Vgl. oben 2. Kap. II, 1b.
[57] Zum Ziel der Widerstandshandlungen vgl. oben 2. Kap. II, 1c.
[58] Vgl. dazu oben 2. Kap. II, 1d.
[59] So *Ipsen*, BK, Art. 87a n. F. GG Rdziff. 155.

und Verhältnismäßigkeit orientiert sein müssen[60]. Im Vergleich zu den im Widerstandsfall zulässigen Mitteln wird jedoch das Bestreben des Verfassungsgesetzgebers ersichtlich, „das Recht der Normallage möglichst auch in der Ausnahmesituation zu schonen“[61].

e) Der Träger des Staatsnotstandsrechts

Der Begriff des „Rechts“ in dem Wort „Staatsnotstandsrecht“ kann sich einmal auf das objektive Recht beziehen, das in einer Notstandslage geschaffen wird; er kann außerdem das objektive Recht umfassen, das der Bekämpfung von Notstandslagen dient; und er kann schließlich das subjektive Recht meinen, bestimmte Notstandskompetenzen wahrzunehmen. Im Hinblick auf die gesuchte Parallelität zum Widerstandsrecht kann natürlich nur die letzte Bedeutung des Rechtsbegriffs von Interesse sein. Auf den konkreten Fall bezogen ergibt sich aus den Art. 91 und 87 a IV GG, daß Träger dieses subjektiven Rechts nur die Länder und die Bundesregierung sein können. Wegen der politischen Bedeutung wird in den Ländern die jeweilige Landesregierung zuständig sein, wenn sich aus den landesrechtlichen Zuständigkeitsregelungen, insbesondere der Landesverfassung, nichts anderes ergibt[62]. Daß die jeweiligen Regierungen ihre Befugnisse weder delegieren noch einem ihrer Mitglieder übertragen können, wurde bereits dargelegt. Das Staatsnotstandsrecht steht infolgedessen — im Gegensatz zum Widerstandsrecht — nur ganz bestimmten Verfassungsorganen zu.

Führen wir uns der besseren Übersichtlichkeit halber die bisherigen Ergebnisse noch einmal vor Augen, dann ergibt sich, schematisch gesehen, folgendes Bild:

Abgrenzungs-kriterien	Widerstandsrecht der Amtswalter	Staatsnotstandsrecht nach den Art. 91, 87a IV GG
Begriff des Rechts	Befugnis	Befugnis
Träger des Rechts	alle Amtswalter	die Regierungen der Länder und die Bundesregierung
Voraussetzungen für seine Inanspruchnahme	ein Versuch, die freiheitliche demokratische Grundordnung zu beseitigen, wobei andere Abhilfe nicht möglich sein darf	drohende Gefahr für die freiheitlich-demokratische Grundordnung

[60] Das ergibt sich schon aus der zentralen Aufgabe des Art. 91 GG, den Einsatz von *Polizei*kräften zu regeln, und dem aus Art. 87a IV GG erkennbaren Prinzip, daß auch die Streitkräfte nur zur Unterstützung der Polizei eingesetzt werden können. Vgl. dazu auch oben 2. Kap. II, 1b.

[61] *Evers*, BK, Art. 91 n. F. Rdziff. 9.

[62] Vgl. *Evers*, BK, Art. 91 n. F. Rdziff. 48; *Schmidt-Bleibtreu-Klein*, Kommentar, Art. 91, Rdziff. 3.

Ziel der Rechtsausübung	Erhaltung oder Wiederherstellung dieser Ordnung	Erhaltung oder Wiederherstellung dieser Ordnung
Zulässige Mittel	Grundsatz der Erforderlichkeit und Verhältnismäßigkeit	Kontrollierte Eskalation

f) Strukturelle Parallelität von Widerstandsrecht und Staatsnotstandsrecht und ihre Konsequenzen

Das Widerstandsrecht der Amtswalter und das Staatsnotstandsrecht nach den Art. 91, 87 a IV GG unterscheiden sich — das macht das Schema deutlich — im wesentlichen nur im Bereich der Rechtsträger und der zulässigen Mittel. In diesen beiden Punkten würde sich ein Widerstandsrecht der Amtswalter infolge seiner ungleich größeren Flexibilität den normativen Begrenzungen des Staatsnotstandsrechtes ohne Zweifel überlegen erweisen. Da es jedoch an die gleichen Voraussetzungen wie das Staatsnotstandsrecht gebunden ist und die gleiche Zielsetzung wie dieses hat, könnte es nach seiner Grundstruktur durchaus als eine Legalitätsreserve für den Fall angesehen werden, daß alle in der Notstandsverfassung enthaltenen Befugnisse nicht ausreichen, um der Notstandslage Herr zu werden. Das Widerstandsrecht wäre dann als eine konsequente Fortführung der in der Notstandsverfassung angelegten stufenweisen Kompetenzerweiterung und Intensivierung des Mitteleinsatzes darzustellen, wobei seine Charakteristik als letztes, den Kompetenzraum der verantwortlichen Organe nochmals erweiterndes, aber auch erschöpfendes Mittel durch das Subsidiaritätsprinzip noch verstärkt würde. Graphisch läßt sich dieser Gedanke wie folgt darstellen:

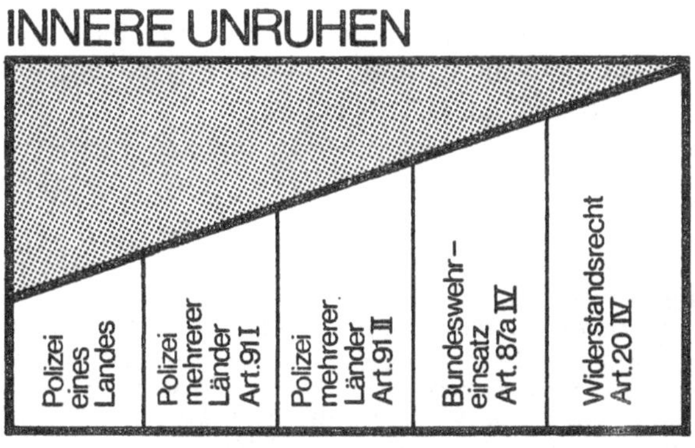

Die Graphik macht übrigens auch den Gedanken *Hoffmanns* verständlich, bei dem Staatsnotstandsrecht der Art. 91, 87 a IV GG handle

es sich um einen speziellen Fall des allgemeinen Widerstandsrechtes[63]. Ebenso gut und mit besserem Recht ließe sich jedoch die umgekehrte Behauptung aufstellen, bei dem Widerstandsrecht der Amtswalter handle es sich um den allgemeinsten Fall eines Staatsnotstandsrechtes. Sie verdient schon deshalb gegenüber derjenigen Hoffmanns den Vorzug, weil das Widerstandsrecht seit jeher als eine Befugnis zur Abwehr verfassungswidrig ausgeübter Staatsgewalt, also gerade nicht als ein Recht der Träger öffentlicher Gewalt verstanden worden ist. Für die Richtigkeit dieser Annahme spricht aber auch noch folgende Überlegung: Seit jeher ist das Widerstandsrecht, soweit es nicht nur aus Naturrechts- oder Glaubenssätzen abgeleitet wurde, als ein Grundrecht angesehen worden[64]. Die Tatsache, daß es bei seiner Normierung nicht in den Grundrechtskatalog aufgenommen worden ist, hat an diesem seinem Grundrechtscharakter weder etwas ändern können noch ändern sollen[65]. Die Grundrechte richten sich nun aber ihrer geschichtlichen Entstehung und Sinngebung nach gegen den Staat, und wenn auch darüber hinaus deren teilweise Geltung im Bereich des Privatrechtssystems anzunehmen ist[66], so ist bisher noch nirgendwo die These vertreten worden, die Grundrechte des Individuums stünden auch dem Staate zu. Allenfalls ist eine Kongruenz von Grundrechten des Individuums und Rechten der staatlichen Organe festzustellen, wie dies gerade bei dem Widerstandsrecht einerseits und dem Staatsnotstandsrecht andererseits insofern der Fall ist, als beide für den Ausnahmefall geschaffen sind. Das ändert aber nichts daran, daß diese Rechte wegen der Unterschiedlichkeit ihrer Träger und der ihnen zur Verfügung stehenden Machtmittel auch begrifflich geschieden und inhaltlich unterschiedlich ausgestaltet werden müssen.

Kann und muß das „Widerstandsrecht der Amtswalter“ begrifflich und strukturell dem Staatsnotstandsrecht zugeordnet werden, so bleibt noch die eingangs gestellte Frage zu beantworten, ob nämlich ein solches „Widerstandsrecht“ — Staatsnotstandsrecht mit der Systematik der Notstandsregelungen im GG vereinbar ist.

---

[63] *Hoffmann*, in: Sterzel, Kritik . ., S. 108 für den Fall des Bundeswehreinsatzes gegen organisierte und militärisch bewaffnete Aufständische.

[64] Vgl. etwa *Bertram*, Widerstandsrecht, S. 40 f.; *Heyland*, Widerstandsrecht, S. 57 f.; *Isensee*, Widerstandsrecht, S. 82; *Maunz*, Staatsrecht, § 14 II 1b; *Scheidle*, Widerstandsrecht, S. 36 f. m. w. Literaturnachweisen, S. 115 ff., für Art. 20 IV GG, S. 146; Hans *Schneider*, Widerstand, S. 13 und 15.

[65] Das bringt der Bericht des Rechtsausschusses BT-Drucksache V/2873 zu § 1 Nr. 2 bb zum Ausdruck.

[66] Zu diesem Problem der sog. Drittwirkung von Grundrechten vgl. bspw. *Maunz-Dürig*, Kommentar, Art. 1 Rdziff. 127 ff.

3. *Die Vereinbarkeit dieses „Widerstandsrechts" mit dem Verfassungssystem des GG*

Die Systematik der Notstandsregelungen ist von dem Gedanken geprägt, daß den vielgestaltigen Ausgangslagen mit einem differenzierten Katalog von Abwehrmitteln und einer wohl abgewogenen Stufenfolge von Kompetenzerweiterungen begegnet werden muß[67]. Generalklauselartige Ermächtigungen, wie man sie aus der Weimarer Zeit von Art. 48 WRV her kannte, sind ganz bewußt vermieden worden, um die Gefahren eines Machtmißbrauchs auf ein Minimum zu reduzieren und den Anforderungen eines demokratischen Rechtsstaates so weit wie möglich gerecht zu werden[68]. Jede Verfassungsnorm, die auch nur entfernte Ähnlichkeit mit einer Generalklausel wie der des Art. 48 WRV aufwiese, müßte daher in diesem System der Differenzierungen und Beschränkungen als ein Fremdkörper angesehen werden.

Von daher gesehen, erhalten die oben im Zusammenhang mit der strukturellen Parallelität von Widerstandsrecht und Staatsnotstandsrecht getroffenen Feststellungen einen besonderen Stellenwert. Denn wenn Art. 20 IV GG die Rechtsgrundlage für eine pauschale Ermächtigung zum Handeln bilden und außerdem das Tor für einen nahezu unbegrenzten Maßnahmekatalog öffnen können soll, dann drängt sich die Frage auf, ob auf dem Umweg über diese Verfassungsvorschrift nicht doch noch eine dem systemfremden Art. 48 WRV verwandte Generalklausel in unser Verfassungssystem Eingang gefunden haben würde. Ein Vergleich mit Art. 48 WRV soll hierüber Aufschluß geben.

a) Parallelen zu Art. 48 WRV

aa) Der Staatsnotstandsfall des Art. 48 WRV

Während nach Art. 48 II WRV jede erhebliche Störung oder Gefährdung der öffentlichen Sicherheit und Ordnung eine Ausnahmemaßnahmen rechtfertigende Situation darstellte, differenziert das GG nach der Art der drohenden Gefahr und auch nach der Zielsetzung der Störung. Für den Verteidigungsfall (Art. 115 a GG) und den Spannungsfall (Art. 80 a GG) sind ganz andere Regelungen getroffen worden als

---

[67] Vgl. dazu schon oben 2 d.

[68] Vgl. etwa *Benda*, Notstandsverfassung, S. 22; *Fröhlich*, zit. bei *Löffler*, DÖV 61, 220; *Gather*, Notstandsrecht, S. 154; Hans *Schäfer* in: NJW 60, 1129 ff. (1131); *Wägenbaur*, MDR 58, 883. Vgl. außerdem die Begründung I der BReg. zum Entwurf 1960, BT-Drucksache III, 1800; Entwurf 1962, BT-Drucksache IV, 891 insbes. III, Ziff. 2; Entwurf 1967, BT-Drucksache V, 1879; Begründung Allgem. Teil IX. Für eine Generalklausel *Bellstedt*, DÖV 61, 811 ff. (816); *Hesse*, DÖV 55, 742; JZ 60, 105 ff.; Staatslexikon Sp. 608; Grundzüge, S. 263.

für den Fall von Gefahren für den Bestand des Staates oder seiner demokratischen Grundordnung durch einen „inneren Notstand" (Art. 91 und 87 a IV GG). Davon getrennt behandelt werden die Naturkatastrophen und besonders schweren Unglücksfälle (Art. 35 Abs. 2 und 3 GG). Diese Differenzierungen wären im Staatsnotstandsrecht des Art. 20 IV GG wieder aufgehoben, so daß dieses Notstandsrecht insoweit dem Art. 48 II WRV ähnlich zu sein schiene. Allerdings nennt der Art. 20 IV GG die freiheitlich-demokratische Grundordnung als geschütztes Rechtsgut und setzt damit die Schwelle für den Zeitpunkt seiner Inanspruchnahme wesentlich höher als dies bei Art. 48 II WRV mit der „erheblichen Störung oder Gefährdung der öffentlichen Sicherheit und Ordnung" der Fall ist[69]. Diese Schwelle wird zwar auf den ersten Blick dadurch herabgesetzt, daß schon der Versuch einer Beseitigung der freiheitlich demokratischen Grundordnung ausreichen soll, um den Widerstandsfall auszulösen, doch wird dieser Effekt im Ergebnis durch das Subsidiaritätsprinzip verhindert. Somit stellt Art. 20 IV GG im Vergleich zu Art. 48 II WRV schwererwiegende Bedingungen für seine Inanspruchnahme auf.

bb) Das Ziel der Staatsnotstandsmaßnahmen

Ebenso wie bei den Notstandsmaßnahmen nach den Art. 91, 87 a IV und 20 IV GG ergibt sich das Ziel der Staatsnotstandsmaßnahmen nach Art. 48 II WRV aus ihrer Aufgabenstellung der Gefahrenabwehr: es ist die Wiederherstellung der öffentlichen Sicherheit und Ordnung. Auch die Maßnahmen nach Art. 48 II WRV konnten also nur im konservierenden Sinne eingesetzt werden.

cc) Die Mittel im Staatsnotstand

Als zulässige Mittel, die öffentliche Sicherheit und Ordnung wiederherzustellen, werden in Art. 48 II WRV nur zwei erwähnt: nämlich das Recht, mit der bewaffneten Macht einzuschreiten und einzelne Grundrechte außer Kraft zu setzen. Im übrigen spricht Art. 48 II WRV lediglich von den „nötigen Maßnahmen", die der Reichspräsident zur Behebung des Notstandes treffen soll. Dadurch wird dem Reichspräsidenten eine Bewegungsfreiheit eingeräumt[70], die nur durch die Zweckbestimmung der Maßnahmen, den Fortbestand der Zweiheit von Reichs-

---

[69] Zum Problem Angriffsobjekt-Angriffsintensität vgl. oben II, 1a.

[70] Vgl. bspw. *Grau* in Anschütz-Thoma, Handbuch, Bd. II, S. 278/279: „Der Diktator wird in der Generalklausel auf keine bestimmten Handlungsformen festgelegt. Mit der Formulierung „nötige Maßnahmen" stellt die Verfassung in das Ermessen des Reichspräsidenten, ob er Verordnungen erlassen, Verfügungen treffen oder auf dem Wege unmittelbarer Gewaltanwendung vorgehen will."

und Landesgewalt und den Verhältnismäßigkeitsgrundsatz eingeschränkt ist. Die h. L. betont außerdem die Bindung an den Inhalt der Verfassung, derzufolge der Reichspräsident keine Maßnahmen treffen darf, die mit dem materiellen Inhalt der Verfassung in Widerspruch stehen[71]. Insgesamt ist aber die Zahl der dem Reichspräsidenten zur Verfügung gestellten Mittel weit größer als die der in den Art. 91 und 87 a IV GG aufgeführten. Sie nähert sich stark den im Rahmen des Notstandsrechts nach Art. 20 IV GG bereitstehenden Abwehrmaßnahmen und weicht von diesen nur insofern ab, als sie keine unbegrenzten Eingriffe in die Grundrechtssphäre zuläßt.

dd) Der Träger des Staatsnotstandsrechts

Zur Wahrnehmung der Notstandsbefugnisse ausdrücklich ermächtigt wird in Art. 48 II WRV nur der Reichspräsident. Insoweit scheinen die Art. 91 und 87 a IV GG gegenüber Art. 48 II WRV sogar eine Erweiterung gebracht zu haben, indem sie nämlich sowohl die Bundesregierung als auch sämtliche Landesregierungen zum Träger des Staatsnotstandsrechtes machen. Dem Reichspräsidenten standen jedoch nach allgemeiner Ansicht weitreichende Delegationsbefugnisse zu: „Welche Person der Reichspräsident als Helfer seiner Diktatur erwählt, bleibt seinem Ermessen überlassen. Er kann Reichsminister, Reichsbeamte und Offiziere, Landesminister, Landesbeamte oder sonstige Personen beauftragen[72]...“ Der Personenkreis der Träger des Staatsnotstandsrechtes nach Art. 48 II WRV gleicht daher demjenigen, der durch Art. 20 IV GG zur Abwehr drohender Gefahren ermächtigt würde. Nur ein rechtlicher Unterschied bliebe bestehen: während die Amtswalter der Weimarer Zeit von den Ausnahmebefugnissen nur kraft abgeleiteten (derivativen) Rechts Gebrauch machen konnten, könnten sich die Amtswalter in der Bundesrepublik bei Art. 20 IV GG auf originäres Recht stützen; die Entscheidung über seine Inanspruchnahme läge allein bei ihnen. Für die politische Praxis dürfte dieser Unterschied allerdings nur von geringer Bedeutung sein.

Stellen wir die 3 Regelungen aus Gründen der größeren Übersicht einander nochmals schematisch gegenüber, so ergibt sich folgendes Bild:

	Art. 20 IV GG	Art. 48 II WRV	Art. 87a, IV, 91 GG
Begriff des Rechts	Befugnis	Befugnis	Befugnis
Träger des Rechts	alle Amtswalter (originär)	Der Reichspräsident u. alle Amtswalter (derivativ)	Die BReg. und die Länder-regierungen

[71] Sog. Unantastbarkeitslehre, auf die später noch zurückzukommen sein wird vgl. zum Ganzen *Grau*, in: Handbuch von Anschütz-Thoma, Bd. II, S. 278 - 282.
[72] *Grau*, in: Handbuch von Anschütz-Thoma, Bd. II, S. 289.

Voraussetzungen, von dem Recht Gebrauch zu machen	der Versuch, die freiheitlich-demokratische Grundordnung zu beseitigen (Subsidiarität)	Erhebliche Störung od. Gefährdung d. öffentlichen Sicherheit und Ordnung	Drohende Gefahr für die freiheitl.-demokratische Grundordnung
Ziel der Rechtsausübung	Erhaltung oder Wiederherstellung	Erhaltung oder Wiederherstellung	Erhaltung oder Wiederherstellung
Mittel der Rechtsausübung	Grundsatz der Verhältnismäßigkeit	Grundsatz der Verhältnismäßigkeit	Kontrollierte Eskalation

b) Die Konsequenzen der Parallelität zu Art. 48 WRV

Die Notstandregelung des Art. 20 IV GG ist der des Art. 48 II WRV wesentlich näher als der der Art. 91 und 87 a IV GG. Ein nennenswerter Unterschied ergibt sich lediglich bei den Voraussetzungen ihrer Inanspruchnahme durch das Subsidiaritätsprinzip. Mit Rücksicht auf die verschiedenartigen Fallkonstellationen, die Art. 20 IV GG decken soll, drängt sich der Gedanke auf, daß „eine derart weitgehende Legalisierung von Handlungen aller Art ... und eine so umfassende Ermächtigung zu amtlichen und nichtamtlichen Aktionen dem deutschen Verfassungsrecht bislang (auch in der Weimarer Zeit) unbekannt gewesen ist“[73]. Doch selbst wenn man dieser Meinung nicht folgen will, so bleibt jedenfalls festzuhalten, daß die Systematik der Art. 91 und 87 a IV GG gerade im Hinblick auf die schlechten Erfahrungen mit dem Art. 48 WRV auf dem Grundgedanken einer detaillierten und ausführlichen Regelung des gesamten Notstandsrechtes und ihrer Einbettung in die übrigen Notstandsregelungen beruht. In ein solches System läßt sich eine mit Art. 48 WRV vergleichbare Generalklausel wie die des Art. 20 IV GG nicht bruchlos einfügen, so daß das „Widerstandrecht der Amtswalter“ als eine Form des Staatsnotstandsrechtes bei systematischer Auslegung des Art. 20 IV GG nicht aus dieser Vorschrift abgeleitet werden kann. Nach der „klassischen“ Auslegungstheorie könnte sich daher kein Mitglied der Bundesregierung oder irgend ein anderer Amtswalter auf Art. 20 IV GG als eine Legalitätsreserve für seine außerverfassungsmäßigen Maßnahmen berufen, wenn er diese zur Bekämpfung „innerer Unruhen“ eingesetzt hätte.

---

[73] So *Maunz*, Staatsrecht, S. 196.

3. Kap.: Art. 20 IV GG im Lichte der neueren Auslegungstheorien

Die mit Hilfe der „klassischen" Auslegungstheorie gewonnenen Ergebnisse bedürfen allerdings einer weiteren Überprüfung, weil die neuere Verfassungstheorie die „klassische" Interpretationsmethode schon seit einiger Zeit mehr und mehr in Frage gestellt hat[1]. Deren entwicklungsgeschichtliche Einzelheiten nachzuzeichnen und den gegenwärtigen Meinungsstand aufzufächern, ist im Rahmen dieser Arbeit nicht möglich. Einer eingehenden Auseinandersetzung mit ihr bedarf es auch schon deshalb nicht, weil die neueren Interpretationsmethoden in bezug auf unser Problem zu keinem anderen als dem bisherigen Ergebnis führen, sondern es im Gegenteil bestätigen. Deshalb wird hier nur insoweit auf sie eingegangen, als es zum Verständnis der nachfolgenden Gedankengänge unbedingt erforderlich ist.

I. Die geisteswissenschaftliche Interpretationsmethode

Die angesichts der Knappheit und relativen Konstanz des Verfassungstextes einerseits, der inhaltlichen Weite und Unbestimmtheit seiner Grundzüge andererseits festzustellende Begrenztheit der „klassischen" Interpretationsmethode, war Anlaß für die Entwicklung neuer Interpretationsprinzipien. Gegenüber der „strukturellen Offenheit"[2] der Verfassung hatte sich eine Interpretationsmethode, die sich, wie die „klassische", ausschließlich positivistisch-begrifflichem Denken verpflichtet fühlte, als untauglich zur Lösung verfassungsrechtlicher Probleme erwiesen. Die mit dieser Lehre verknüpfte Bindung der Auslegung an die einmal getroffene — und fälschlich statisch-punktuell aufgefaßte — Entscheidung des Verfassungsgebers mußte auch insofern ihr Ziel, der Stabilität und Kontinuität der Verfassung zu dienen, verfehlen, als sie nicht nur eine Bindung an die Verfassungsentscheidungen, sondern zugleich auch die Festlegung auf die Zeit mit sich brachte, in der diese Verfassungsentscheidungen getroffen wurden[3]. Um der damit verbundenen Gefahr einer „Entzeitung des Rechts"[4] zu entgehen, wurde entweder stillschweigend auf andere Interpretationsgesichtspunkte aus

---

[1] Vgl. etwa aus neuerer Zeit *Hesse*, Grundzüge, § 2; *Kriele*, Rechtsgewinnung; F. *Müller*, Normstruktur; *Ossenbühl*, DÖV 65, 649 ff.; Chr. Graf *Pestalozza*, in: Der Staat, Bd. II (1963), S. 425 ff.; P. *Schneider* u. H. *Ehmke*, in: VVDStRL 20 (1963), S. 1 ff.; 53 ff.

[2] *Ehmke*, in: VVDStRL 20, S. 62. Vgl. dazu auch *Hesse*, Grundzüge, S. 21 und *Pestalozza*, in: Der Staat, Bd. II, S. 425 - 429.

[3] *Pestalozza*, in: Der Staat, Bd. II, S. 429.

[4] *Pestalozza*, ebd.

dem geisteswissenschaftlichen Bereich zurückgegriffen[5] oder man preßte die bereits gefaßten Entscheidungen in das klassische Interpretationsschema — so die wahren Entscheidungsgründe verschleiernd[6].

Die Erweiterung und Ergänzung der „klassischen" durch die sog. geisteswissenschaftliche Methode[7] soll demgegenüber das Problem der strukturellen Offenheit der Verfassung dadurch lösen, daß das gesamte zwar keine Normen, aber doch Interpretationsgesichtspunkte darstellende Verfassungsrechtsmaterial — seine Werte, Rechtsgüter, Prinzipien, Leitgrundsätze und Grundentscheidungen — für die Interpretation nutzbar gemacht wird[8]. Die geisteswissenschaftliche Methode will die „ideengeschichtlichen Zusammenhänge unserer Rechtskultur bewußt als Erkenntnisquelle für die Erfassung des positiven Rechts und die Herausarbeitung seiner tragenden Grundgedanken fruchtbar machen"[9]. Die dadurch in die Interpretation einfließenden subjektiven Wertungen und das bewußte oder unbewußte Verständnis, mit dem man das zu lösende Problem bereits vorentschieden hat[10], stellen zwar eine Gefahr für die Rationalität und Evidenz des Verfassungsrechts dar[11], doch stellt sich im Hinblick auf die soeben getroffenen Feststellungen die Frage, ob diese Rationalität und Evidenz bei Anwendung der „klassischen" Methode in höherem Maße gewährleistet ist. Um diese Gefahren einzuschränken, wird „die eigentliche verfassungsrechtliche Hermeneutik nur eine sachbezogene, die Problemhorizonte erschließende, die „Vor-Urteile" begründende und die Fall-Praxis verarbeitende" Verfassungstheorie sein können[12, 13]. Gerade was die „Vorurteile" angeht, „wäre ein Höchstmaß an Offenlegung der eigentlich bestimmenden Urteilsgründe zu empfehlen", denn „je mehr Offenlegung, desto größer die Chance kritischer und selbstkritischer Rationalität"[14].

---

[5] Vgl. dazu die oben im 2. Kap. Fußn. 3 zitierten Entscheidungen des BVerfG.

[6] Ähnlich bspw. *Ehmke*, in: VVDStRL 20, S. 58/59; *Hesse*, Grundzüge, S. 25. *Krieles* Theorie der Rechtsgewinnung ist ein einziges Plädoyer für die Offenlegung der wahren Entscheidungsgründe, vgl. bspw. S. 215, Leitsätze, Nr. 2, 4, 5, 20, 22.

[7] *Pestalozza*, in: Der Staat, Bd. II, S. 435, spricht von einem „Komplementärverhältnis zwischen beiden Wegen der Grundrechtskonkretisierung".

[8] Vgl. *Ehmke*, in: VVDStRL 20, S. 62/63.

[9] *Holstein*, in: AöR N. F. Bd. 11 (1926), S. 31.

[10] Vgl. *Ehmke*, in: VVDStRL 20, S. 70.

[11] *Forsthoff*, Problematik, S. 40 fordert aus diesen Gründen die Rückkehr zur klassischen Auslegungsmethode; ebenso in Schmitt-Festschrift, S. 51; *Ossenbühl*, DÖV 65, 654 will diese Gefahren in Kauf nehmen.

[12] So *Ehmke*, in: VVDStRL 20, S. 64.

[13] Wenn *Ossenbühl*, a.a.O., die Ausformung zusätzlicher Interpretationsprinzipien fordert, so bleibt er insofern auf halbem Wege stehen, als er eben doch versucht, allgemein verbindliche Regeln aufzustellen, statt ausschließlich problembezogen zu argumentieren. Vor einer ähnlichen Tendenz warnt *Kriele*, Rechtsgewinnung, S. 31/32 im Blick auf die von Ehmke vertretene materiale Verfassungstheorie, soweit diese „sich nicht am Grundgesetz, sondern an anderen Verfassungsmodellen orientiert".

[14] *Kriele*, Rechtsgewinnung, Leitsatz 22, S. 315/316.

II. Die verfassungsgestaltenden Grundentscheidungen

Von den Interpretationsgesichtspunkten, die sich die geisteswissenschaftliche Methode zugänglich gemacht hat, sind es vor allem die „verfassungsgestaltenden Grundentscheidungen“[15, 16], die für unsere Probleme relevant werden. Die Anerkennung ihrer Existenz beruht auf der Überlegung, „daß das Verfassungsrecht nicht nur aus den einzelnen Sätzen der geschriebenen Verfassung besteht, sondern (eben) auch aus gewissen sie verbindenden, innerlich zusammenhaltenden allgemeinen Grundsätzen und Leitideen“[17]. Der Verfassungsgesetzgeber hat diese Grundentscheidungen nicht in einem besonderen Rechtssatz konkretisiert, weil sie „das vorverfassungsmäßige Gesamtbild“[18] geprägt haben, von dem er ausgegangen ist. Sie sind daher zunächst auch nicht Ausdruck rechtlicher, sondern politischer Grundwertungen der an der Verfassunggebung beteiligten Gruppen und der unter ihnen gegebenen Konstellation politischer Kräfte; sie sind aber doch zumindest „subsidiäre Rechtsquellen, eine ultima ratio zur Vermeidung politisch unangemessener Rechtsfindung“[19].

Bei dem Bemühen um die Ermittlung und Konkretisierung dieser Entscheidungen hat das BVerfG bereits in einer seiner ersten Entscheidungen die Auffassung vertreten, daß sich „gewisse verfassungsrechtliche Grundsätze und Grundentscheidungen aus dem Gesamtinhalt der Verfassung“ ergäben. Ihnen seien die einzelnen Verfassungsbestimmungen untergeordnet, so daß „jede Verfassungsbestimmung so ausgelegt werden (muß), daß sie mit jenen elementaren Verfassungsgrundsätzen und Grundentscheidungen des Verfassungsgesetzgebers vereinbar ist“[20, 21]. In diesen Feststellungen des BVerfG klingt der Gedanke von der Verfassung als einem einheitlichen Sinn- und Ordnungssystem wieder an. Doch erfährt hier die bei der systematischen Auslegung einer einzelnen Verfassungsbestimmung angewandte hermeneutische

---

[15] Der Begriff stammt von Hans J. *Wolff*, Jellinek-Gedächtnisschrift, im Titel seines Aufsatzes.

[16] Der Gedanke der vor jeder Normierung einer Verfassung liegenden Grundentscheidung des Trägers der verfassunggebenden Gewalt ist vor allem von C. *Schmitt*, Verfassungslehre, S. 23 ff. im Zusammenhang mit der Unterscheidung von Verfassung und Verfassungsgesetz wieder in die Diskussion gebracht worden.

[17] BVerfGE 2, 380 ff. (403).

[18] BVerfGE 2, 380 ff. (403).

[19] Hans J. *Wolff*, Jellinek-Gedächtnisschrift, S. 48/49.

[20] So BVerfGE 1, 32/33, allerdings ohne eindeutige Trennung von Verfassunggeber und Verfassungsgesetzgeber. Der Gedankengang des BVerfG wird übernommen von *Ossenbühl*, DÖV 65, 654 und der dort angegebenen Literatur und *Schmidt-Bleibtreu-Klein*, Kommentar, Einleitung Rdziff. 53.

[21] Die in diesen Sätzen erkennbar werdende Vorstellung des BVerfG von einer Normenhierarchie wird angesichts der ebenfalls von ihm vertretenen Einheit der Verfassung kritisiert von *Ehmke*, in: VVDStRL 20, S. 78.

Regel, daß man das Ganze aus dem Einzelnen und das Einzelne aus dem Ganzen verstehen muß[22], insofern eine Erweiterung, als nun die Gesamtheit der Verfassungsrechtssätze als einzelner Teil eines noch größeren Ganzen, nämlich des vorverfassungsmäßigen Gesamtbildes des Verfassungsgebers, verstanden wird. Ist aber erst einmal jene hermeneutische Wechsel- und Ganzheitsbeziehung hergestellt, „welche die gegenseitige Durchleuchtung der Bedeutung einer sinnhaften Form im Verhältnis zwischen dem Ganzen und seinen konstitutiven Elementen und umgekehrt ermöglicht“[23], dann ist jene Kritik verfehlt, die die Rekonstruktion des Gesamtbildes aus einzelnen Verfassungsrechtssätzen „keinesfalls“ für denkbar hält, „weil diese ja gerade mit Hilfe des vorverfassungsmäßigen Gesamtbildes im Wege der Auslegung erschlossen werden sollen“[24]. Die Zirkelhaftigkeit[25] der kritisierten hermeneutischen Regel mag einen solchen Gedanken nahelegen, doch wird er dem Verstehensvorgang nicht gerecht. Denn dabei handelt es sich nicht um einen circulus vitiosus, sondern es geht darum, die jeweils einem Text bei seiner Auslegung entgegengebrachte Sinnerwartung solange zu berichtigen, „bis sich der Text unter einer anderen Sinnerwartung zur Einheit einer Meinung zusammenschließt. So läuft die Bewegung des Verstehens stets vom Ganzen zum Teil und zurück zum Ganzen. Die Aufgabe ist, in konzentrischen Kreisen die Einheit des verstandenen Sinnes zu erweitern. Einstimmung aller Einzelheiten zum Ganzen ist das jeweilige Kriterium für die Richtigkeit des Verstehens“[26]. Das BVerfG zieht daher mit Recht aus der Gesamtheit der einzelnen Verfassungsrechtssätze Rückschlüsse auf das vorverfassungsmäßige Gesamtbild des Verfassungsgebers und seine darin enthaltenen Grundentscheidungen.

III. Die Grundentscheidung gegen generalklauselartige Ermächtigungen

Wie aus den obigen Ausführungen hervorgeht, betrachtet die den Prinzipien der geisteswissenschaftlichen Methode verpflichtete Hermeneutik die Einstimmung aller Einzelheiten zu einem einheitlichen Ganzen als das ausschlaggebende Kriterium für die Richtigkeit ihres Verstehens. Jede Interpretation, die den Art. 20 IV GG in Abweichung von der „klassischen“ Methode als eine weit gefaßte Legalitätsreserve für Not-

---

[22] Vgl. dazu oben 2. Kap., I.

[23] *Betti*, in Rabel-Festschrift, S. 102.

[24] So *Friesenhahn*, in: VVDStRL 20 (1963), S. 121; und *Ossenbühl*, DÖV 65, S. 656.

[25] *Gadamer*, Wahrheit, beschäftigt sich ausführlich mit diesem hermeneutischen Zirkel (vgl. etwa das Stichwortregister „Zirkel“-hermeneutischer).

[26] *Gadamer*, Wahrheit, S. 275; da *Ossenbühl*, DÖV 65, 656/657 selbst vorschlägt, entsprechend zu verfahren, wird seine Kritik im Grunde hinfällig.

standsmaßnahmen verstanden wissen will, muß daher auf ihre Vereinbarkeit mit der Gesamtheit der Notstandsbestimmungen überprüft werden: nur wenn sie sich mit dem übrigen Notstandsrecht zu einem einheitlichen Ganzen verschmelzen läßt, kann sie zugleich als „richtig" in dem beschriebenen Sinne anerkannt werden.

Bedenken ergeben sich insoweit allerdings sowohl aus der Geschichte der Notstandsgesetzgebung als auch aus den einzelnen Notstandsvorschriften. Schon der Parlamentarische Rat wollte nämlich mit dem GG nicht nur die kompromißlose Abkehr vom nationalsozialistischen System dokumentieren[27], sondern zugleich die vermeintlichen oder tatsächlich vorhandenen Mängel der Weimarer Verfassung vermeiden[28]. Dieser Gedanke dürfte ihn denn auch — bewußt oder unbewußt — dazu veranlaßt haben, an Stelle einer wesentlich weitergehenden, an Art. 48 WRV orientierten Notstandsregelung[29] lediglich die Art. 37, 81 und 91 in das GG aufzunehmen. Denn diese Artikel ließen im Gegensatz zu Art. 48 WRV keine generell umschriebenen Handlungsmöglichkeiten mehr, sondern nur noch kontingentierte, nach Voraussetzungen, Art und Ausmaß eng begrenzte Befugnisse entstehen. Werner *Weber* nahm dies zwar schon im Jahre 1949 zum Anlaß seiner scharfen Kritik: „In diesen mühsamen Verklausulierungen ist von der ganzen Kraft der Ausnahmebefugnisse der Weimarer Verfassung nur noch eine Attrappe übrig geblieben, eine blecherne Rüstung in den dunklen Fährnissen, mit denen Deutschland auf seinem Wege rechnen muß[30]." Doch hielt dessen ungeachtet auch der verfassungsändernde Gesetzgeber an der Grundentscheidung des Verfassungsgebers fest und suchte bei der Ausgestaltung der Notstandsverfassung ebenfalls, generalklauselartige Ermächtigungen wie die des Art. 48 WRV zu vermeiden[31]. Der Wille zur „Beschränkung und Rationalisierung der Macht"[32] muß daher als die für die Notstandsgesetzgebung maßgebliche Leitlinie angesehen werden,

---

[27] So *Ridder*, in: JZ 58, 323.

[28] Wie überhaupt nach Walter *Jellinek*, VVDStRL 8, 3 ff. (19) „im Hintergrund der Bonner Regelung die Nöte der Weimarer Zeit stehen und aus ihnen heraus die Bonner Vorschriften zu verstehen und zu deuten sind".

[29] Vgl. Art. 111 des Herrenchiemseer Entwurfs: „(1) Bei drohender Gefahr für die öffentliche Sicherheit und Ordnung im Bundesgebiet kann die Bundesregierung mit Zustimmung des Bundesrates im Rahmen der Bundeszuständigkeit Notverordnungen mit Gesetzeskraft erlassen. ... (3) Ist durch die drohende Gefahr der Bestand des Bundes oder seiner freiheitlichen und demokratischen Grundordnung in Frage gestellt, so können durch Gesetz, bei Verhinderung der gesetzgebenden Organe auch durch Verordnung nach Abs. 1 die Grundrechte der Freiheit der Meinungsäußerung, der Pressefreiheit, der Versammlungsfreiheit und das Grundrecht des Postgeheimnisses befristet außer Kraft gesetzt werden.

[30] Werner *Weber*, Reichsverfassung, S. 23.

[31] Darauf wurde bereits oben 2. Kap. II 2 d und 3 hingewiesen.

[32] Diese Funktion sieht *Ehmke*, Grenzen, S. 88, als einen entscheidenden Aspekt der Verfassung schlechthin an.

an der auch und gerade eine Interpretation nach geisteswissenschaftlichen Prinzipien ihre Grenze findet. Eine Auslegung des Art. 20 IV GG im Sinne einer generalklauselartigen Ermächtigung für über die Notstandsverfassung hinausreichende Maßnahmen stünde also in offenem Widerspruch zu den übrigen Notstandsbestimmungen des GG: unter Berufung auf Art. 20 IV GG ergriffene Maßnahmen wären in jedem Falle als Staatsstreich zu qualifizieren.

Mit dieser Feststellung ist aber der Punkt erreicht, an dem sich entsprechend den in der Einleitung angestellten Erwägungen die Frage nach einer anderen als der lediglich aus der Legalität abgeleiteten Legitimation von Staatsnotstandsmaßnahmen stellt. Denn wenn die Grenze dieser Art von Legitimation bereits durch die Notstandsverfassung selbst und nicht erst durch Art. 20 IV GG vorgegeben ist, dann wird es immer wieder Notstandsfälle geben, in denen sich die verantwortlichen Organe vor die Alternative gestellt sehen, mit Rücksicht auf die bestehenden Verfassungsvorschriften untätig zu bleiben oder sich über die Verfassung hinwegzusetzen. Erfahrungsgemäß neigen sie zu letzterem, ohne deshalb jedoch die Notwendigkeit einer Legitimation ihres Handelns zu verkennen.

Teil II

Das — ungeschriebene — Staatsnotrecht

Wurden in einem Notstandsfall die verfassungsmäßig gezogenen Grenzen überschritten, so bediente man sich in der Staatenpraxis zur Legitimation von Staatsnotstandsmaßnahmen bisher regelmäßig eines Rechtsinstitutes, das sozusagen im Bedarfsfalle auf Abruf bereit stand: des ungeschriebenen Staatsnotrechts[1]. Dieses Staatsnotrecht stellt sich, gemessen an der hier gewählten Terminologie, als ein „ungeschriebenes Staatsnotstandsrecht"[2] dar. Reichten nämlich die für den Notstandsfall in der Verfassungsurkunde vorgesehenen Kompetenzen nicht aus, dann griffen die Träger des Staatsnotstandsrechtes[3] unter Berufung auf das Staatsnotrecht zu Abwehrmaßnahmen, die denselben rechtlichen Grundsätzen unterworfen sind und demselben Ziel dienen wie die im Falle eines Staatsnotstandes ergriffenen Maßnahmen[4].

Der entscheidende Unterschied zwischen dem Staatsnotstandsrecht und dem Staatsnotrecht besteht also in der mangelnden Positivierung des letzteren, die zugleich eine unvergleichlich größere Konturenlosigkeit im Gefolge hat.

Dieses Staatsnotrecht als eine im Vergleich zum Verfassungsgesetz „noch fundamentalere" Fundamentalnorm machte die Träger der öffentlichen Gewalt praktisch über jeden Verdacht erhaben, Machtmißbrauch betrieben zu haben: mochten auch einige gelehrte Juristen die Existenz

[1] Erinnert sei hier bspw. an die Notverordnungspraxis der Schweiz während des 1. und 2. Weltkrieges. So heißt es bspw. in einem Bericht zum schweizerischen Vollmachtenbeschluß von 1939, die Ermächtigungsvorlage nehme „die lex non scripta" in Anspruch, das nicht geschriebene Gesetz des Notrechts, ... auf das kein Staat in Zeiten äußerer und innerer Gefahr, ohne sich selbst aufzugeben, verzichten könne; und weiter: „dieses ungeschriebene Notrecht und nicht etwa das Dringlichkeitsrecht des Art. 89 der BV ist die Grundlage der zur Beratung stehenden Vorlage". (Sten. Bulletins 1939, Nationalrat, S. 522, zit. nach *Folz,* Staatsnotstand, S. 160, Fußn. 547). Zur Unvereinbarkeit des Vollmachtenbeschlusses mit der schweizerischen BV vgl. *Giacometti,* Vollmachtenregime, S. 39 - 53. Zur Anerkennung des Notrechts durch die Rspr. der verschiedensten europäischen Länder vgl. *Folz,* Staatsnotstand, S. 160 ff.

[2] Zum Begriff des Staatsnotstandsrechts vgl. oben Teil I, 2. Kap. II, 2a.

[3] Daß die Träger des Staatsnotstandsrechts und des Staatsnotrechts die gleichen sind, weist *Siegers,* Staatsnotrecht, S. 62 ff. nach.

[4] Vgl. dazu die ausführlichen Untersuchungen von *Siegers,* Staatsnotrecht, S. 51 ff.

eines solchen ungeschriebenen Staatsnotrechts bezweifeln und die getroffenen Maßnahmen in den Raum politischer Notwendigkeiten verweisen[5], so kam es doch entscheidend darauf an, das Legitimationsbedürfnis der Gewaltunterworfenen, also des Volkes, zu befriedigen und im Einklang mit seinem Rechtsgefühl zu stehen. Nachdem das „ungeschriebene Staatsnotrecht" diesen Zweck bisher in hervorragender Weise erfüllt hat, ist es natürlich auch in der Bundesrepublik als eine mögliche Legitimationsgrundlage für Staatsnotstandsmaßnahmen erörtert worden. Bevor ich jedoch im einzelnen darauf eingehe, möchte ich noch die hierzu in der Weimarer Republik entbrannte Diskussion darstellen[6], weil erst auf deren Hintergrund die verfassungstheoretischen Erörterungen in der Bundesrepublik verständlich werden.

1. Kap.: Die Staatsnotrechtsdiskussion der Weimarer Zeit

In der Auseinandersetzung um die Existenz eines Staatsnotrechtes schieden sich schon in der Weimarer Zeit die Geister.

I. Die Argumente der Befürworter eines Staatsnotrechts

Die Befürworter eines Staatsnotrechtes leiten seine Rechtsqualität trotz des in der Weimarer Zeit herrschenden Rechtspositivismus aus dem Naturrecht ab.

So gehört nach Erich *Kaufmann* „für den äußersten Fall ein letztes Notrecht neben den verfassungsrechtlich normierten und formierten Ausnahmerechten zum ungeschriebenen, naturrechtlichen Bestande jedes Verfassungsrechtes"[1]. Aus welchen Sätzen des Naturrechts im einzelnen ein solches Staatsnotrecht abzuleiten wäre, bleibt bei Kaufmann offen. Doch findet sich ein Hinweis bei *Gmelin,* der für den Fall einer ernsten Bedrohung der Staatsexistenz nicht nur ein Recht, sondern eine Pflicht postuliert, die nötigen Maßnahmen zu treffen. „Das Recht zum Handeln ergibt sich aus dem Daseinsanspruch des Staates, der ähnlich wie der Einzelmensch ein ungeschriebenes Notwehr- und Notstandsrecht geltend machen kann[2]." Zwar greift auch Gmelin nicht auf einen konkreten Naturrechtssatz zurück, sondern er schaltet dem Staatsnotrecht lediglich

---

[5] Darauf wird später noch im Einzelnen eingegangen werden.

[6] Hinter die Weimarer Zeit zurückzugehen, hat mit Rücksicht auf die andersartigen Verfassungsstrukturen wenig Sinn, während sich an die Weimarer Diskussion auch begrifflich gut anknüpfen läßt.

[1] E. *Kaufmann,* Problematik, S. 14.

[2] *Gmelin,* in: Handbuch, S. 156; ganz ähnlich auch *Meißner,* Staatsrecht, S. 165.

ein absolutes Existenzrecht des Staates vor, aus dem dann „ähnlich wie beim Einzelmensch" für den Fall der Not das Recht abgeleitet wird, über alle Rechtsschranken hinwegzuschreiten. Doch läßt sich an dieser Äußerung die wohl jede naturrechtliche Begründung eines Staatsnotrechts tragende Vorstellung ablesen, daß jeder Staat das Recht zur Selbsterhaltung haben muß, weil „der Mensch in der Unstaatlichkeit des Naturstandes buchstäblich nicht existieren kann"[3], ja weil „er dort einer menschlichen Existenz überhaupt ermangelt"[3], und „erst in der Verbundenheit als Staat aus einem Naturwesen ein Mensch"[4] wird[5]. Ist der Daseinsanspruch des Staates aber vorgegeben, und fügt dem die organische Staatslehre noch ihre individualistischen, anthropomorph-biologischen Vorstellungen vom „Staat" hinzu, dann liegt es in der Logik der Dinge, dem Staat die gleichen Rechte für den Notfall zuzuweisen wie dem Einzelmenschen. Auch für ihn gilt dann: „Not kennt kein Gebot"[6], — außer dem der Selbsterhaltung natürlich[7].

II. Die Argumente der Gegner eines Staatsnotrechts

Wie stark die Diskussion um das Staatsnotrecht von dem Gegensatz Positivismus-Naturrecht beherrscht war, zeigen einige Stellungnahmen der Gegner eines Staatsnotrechtes. So bemerkt *Kelsen:* „Als Gegenstück zu den natürlichen angeborenen Grund- und Freiheitsrechten behauptet man mitunter auch eine Art natürliches Recht des Staates, das aus der Tatsache seiner Existenz schlechthin folge, das er jedoch nur im Falle eines wirklichen Notstandes auszuüben befugt sei ... Dabei handelt es sich natürlich nur um ein politisch-naturrechtliches Räsonnement, das sich — wie gewöhnlich — als positives Recht zu geben versucht[8]." Auch für *Nawiasky* „ist klar, daß damit (mit der Lehre vom Staatsnotrecht) der Boden des Naturrechts betreten ist. Denn im positiven

---

[3] *Krüger*, Staatslehre, S. 191.

[4] *Krüger*, Staatslehre, S. 191.

[5] Die Verknüpfung der naturrechtlichen Argumentation mit der von der Existenzberechtigung des Staates und damit dem Grundsatz „Not kennt kein Gebot" (s. sogleich) läßt eine scharfe Trennung der Argumente nicht zu. Das verkennt *Siegers*, Staatsnotrecht, weshalb sie auch bei dem Versuch der Trennung die verschiedenen Kategorien immer wieder verwischt. Vgl. bspw. ihr Zitat *Bluntschlis* auf S. 100 oder *Iherings* auf S. 106 sowie die Zuweisung *v. d. Heydtes* zur naturrechtlichen Argumentation bei *Folz*, Staatsnotstand, S. 184. Gegenüber dessen Unterteilungsversuchen gilt die gleiche Kritik.

[6] *Strupp*, in: AöR N. F. Bd. 5, S. 182.

[7] Außer den Genannten argumentieren auf ähnlicher Basis noch: *Badura*, RuPrVBl, S. 987; *Bilfinger*, DJZ 31, Sp. 1426; *Koellreutter*, DJZ, 32, Sp. 41; *Meyer*, Lehrbuch, S. 30 Fußn. d; *Nielsen*, Ausnahmezustand, §§ 1, 2; *Steiger*, Staatsnotrecht, S. 41 ff. (43).

[8] *Kelsen*, Staatslehre, S. 157; ähnlich argumentiert *Muth*, Ausnahmerecht, S. 3.

Recht findet dieses „Staatsnotrecht" vorausgesetztermaßen keine Stütze, ist ihm gegenüber metarechtlich"[9]. Und unverblümt folgert *Projahn* aus der damaligen Situation der Staatsrechtslehre: „Es ist unmöglich, dem Staatsnotrecht eine andere als naturrechtliche Grundlage zu geben. Deshalb ist es aber gerade im Rahmen der herrschenden Rechtsanschauung unkonstruierbar. Solange die positivistische Rechtsauffassung herrscht, kann das Staatsnotrecht als Recht nicht anerkannt werden[10]."

In der Umkehrung bedeutet das für die positivistische Staatsrechtslehre, daß „die rechtliche Frage, ob ein Staatsorgan in Abweichung der Verfassung Recht setzen dürfe, lediglich an Hand der betreffenden Zuständigkeitsordnung ... beantwortet werden" kann. „Es gibt keine Legalität außerhalb der Bundesverfassung[11]." Dementsprechend beschränkten die positivistisch orientierten Staatsrechtslehrer der Weimarer Zeit ihre Untersuchungen über das „Staatsnotrecht"[12] auf die gesetzlichen Regelungen, also insbesondere auf Art. 48 WRV, denn „*dies*[13] ist das Staatsnotrecht des geltenden Verfassungssystems. Darüber hinausgehende, mit Berufung auf irgendeine „Not" begründete Maßnahmen einer Reichsleitung oder Landesregierung oder gar einer Verwaltungsbehörde kann der Jurist nicht als rechtmäßig bezeichnen"[14], [15].

Setzte der Positivismus der ungehemmten Machtentfaltung des Staates auf der Basis eines „natürlichen" Notrechtes also schon dadurch Schranken, daß er die Machtausübung ausschließlich am geschriebenen Recht legitimiert wissen wollte, so bemühte er sich in der Auseinandersetzung um die richtige Auslegung des Art. 48 Abs. 2 WRV außerdem darum, die in dieser Vorschrift enthaltenen Befugnisse des Reichspräsidenten möglichst eng zu begrenzen. Insbesondere sollte der Reichspräsident an

---

[9] *Nawiasky*, in: Staatslexikon, Sp. 1637.

[10] *Projahn*, Staatsnotrecht, S. 67; ähnlich auch *Rewoldt*, Staatsnotrecht, S. 73.

[11] *Giacometti*, Fleiner-Festschrift, S. 62; ebenso in Vollmachtenregime, S. 39 ff. und Bundesstaatsrecht, S. 788 ff. Der Gedanke wird von *Reber*, Notrecht, S. 31 - 33 übernommen.

[12] Der Begriff wird hier in Anführungsstriche gesetzt, weil er sich ja nach unserer Definition an sich gerade nicht auf die gesetzlichen Regelungen, sondern ungeschriebenes Recht bezieht. Die Untersuchungen der Positivisten erstrecken sich nach der Sprachregelung der Weimarer Zeit in Wirklichkeit nur auf das Recht des Ausnahmezustandes.

[13] Sperrdruck im Original.

[14] *Thoma*, in: Anschütz-Thoma, Handbuch, Bd. II, S. 231. Sehr ähnlich äußert sich auch *Anschütz*, Kommentar, S. 276/277, der im übrigen an anderer Stelle schon im Jahre 1897 die Lehre vom Staatsnotrecht und die daraus sich ergebenden Folgen als „staatsrechtliche Werthe von gestern" bezeichnet (Verwaltungsarchiv, Bd. V, S. 23).

[15] Den Zusammenhang dieser Argumentation mit der positivistischen Position der Autoren scheint *Siegers*, Staatsnotrecht, S. 77 ff. zu verkennen, so daß ihre Trennung der Argumente — positivistische Basis einerseits, Rechtsstaatsprinzip andererseits — gekünstelt und nicht überzeugend ist.

die Bestimmungen der Verfassung gebunden sein, soweit nicht Art. 48 Abs. 2 in seinem Satz 2 selbst einige Bestimmungen aufzählt, die außer Kraft gesetzt werden können. Diese von *Richard Grau* entwickelte[16], sogenannte Unantastbarkeitslehre wertete die in Art. 48 Abs. 2 S. 2 WRV enthaltene Erlaubnis zur Suspension der aufgezählten Grundrechte nicht als eine bloß beispielhafte Aufzählung dessen, was unter „nötigen Maßnahmen" im Sinne des Abs. 2 Satz 1 zu verstehen ist, sondern als eine Kompetenzerweiterung, mit der „dem Reichspräsidenten etwas erlaubt werden soll, was in der Befugnis zum Treffen der nötigen Maßnahmen noch nicht enthalten ist"[17]. Der Satz 2 des Art. 48 Abs. 2 WRV stellte also eine Ausnahme von dem generellen Verbot dar, einzelne Verfassungsartikel anzutasten. Die Unantastbarkeit der Verfassung ergebe sich im übrigen nicht nur aus der limitativen Aufzählung in Art. 48 Abs. 2 S. 2 WRV, sondern lasse sich auch historisch begründen und aus Art. 76 Satz 1 WRV ableiten[18].

Außer dieser Unantastbarkeit bot sich für eine weitere Begrenzung der präsidialen Machtbefugnisse eine einschränkende Auslegung der Begriffe „öffentliche Sicherheit und Ordnung" sowie der „Maßnahmen" in Art. 48 Abs. 2 S. 1 WRV an. Doch legte die positivistische Staatsrechtslehre in diesem Punkte von Anfang an großzügig aus. Obwohl Art. 48 WRV die Ausnahmebefugnisse gegenüber dem vorangegangenen Rechtszustand erheblich erweiterte[19], sah sich nämlich die Staatspraxis angesichts der Wirren in den ersten Jahren der Weimarer Republik zu einer extensiven Inanspruchnahme der durch Art. 48 Abs. 2 WRV erteilten Vollmachten veranlaßt, „wobei sie nur in ganz vereinzelten Fällen dem Widerspruch der zu ihrer Kontrolle berufenen Organe, des Reichstages und der Gerichte begegnet ist"[20]. Insbesondere der Erlaß zahlreicher Notverordnungen, an den in der Nationalversammlung bei den Beratungen der Weimarer Verfassung niemand gedacht hatte[21], bereitete in seiner Zuordnung zu Art. 48 WRV Schwierigkeiten. Denn die jeweiligen Reichsregierungen bzw. Reichspräsidenten machten von diesem Mittel auch dann Gebrauch, wenn nur eine mittelbare statt einer akuten Gefahr für die öffentliche Sicherheit und Ordnung bestand

[16] Zuerst in *Grau*, Diktaturgewalt § 7, S. 50 ff.: ebenso dann in: *Anschütz-Thoma*, Handbuch, Bd. II, S. 281/282 und Seckel-Gedächtnisschrift, S. 430 ff.

[17] *Grau*, Diktaturgewalt, S. 51.

[18] Dieser Lehre haben sich angeschlossen: *Apelt*, in: JW 31, 698 ff. (700); *Brecht*, in: v. Brauchitsch, Verwaltungsgesetze, S. 251; *Friedmann*, Ausnahmezustand, S. 48 ff.; *Gebhard*, Handkommentar, Anm. 13 zu Art. 48 WRV; *Giese*, Verfassung, Anm. 6 zu Art. 48 WRV; *Hatschek*, Reichsstaatsrecht, S. 373; *Nawiasky*, AöR Bd. 48 (N.F. 9), S. 1 ff. (49); *Poetzsch-Heffter*, Handkommentar, Anm. 12 zu Art. 48 WRV; *Schwalb*, in: DJZ 1925, Sp. 211; schwankend *Thoma*, in: DJZ 1924, Sp. 657.

[19] Vgl. dazu bspw. *Gather*, Notstandsrecht, S. 4 ff.

[20] *Anschütz*, Kommentar, Anm. II, 8 B (S. 279) zu Art. 48 WRV.

[21] Vgl. *Fromme*, DÖV 60, S. 734.

oder lediglich die für den Erlaß von Gesetzen erforderliche Mehrheit im Reichstag nicht zu finden war. Nach dem gescheiterten Versuch, während der ersten Inflationsperiode und dann wieder während der großen Wirtschaftskrise Anfang der 30er Jahre, das Notverordnungsrecht von den Befugnissen nach Art. 48 WRV zu trennen, rechtfertigten die Positivisten die außerordentliche Ausdehnung der präsidialen Machtbefugnisse durch eine extensive Interpretation der Begriffe „öffentliche Sicherheit und Ordnung" sowie „erhebliche Störung"[22]. Nur durch diesen Kunstgriff blieb der damaligen Staatspraxis der Vorwurf der Verfassungswidrigkeit erspart. Nicht zuletzt die damit dem Reichspräsidenten zur Verfügung stehenden weitreichenden Befugnisse werden den Positivisten das rigorose Festhalten an den in der Verfassungsurkunde getroffenen Regelungen leicht gemacht haben, wie *Apelts* Bemerkung zeigt, daß „der Diktaturartikel dem Reichspräsidenten und der Reichsregierung zur Sicherung und Erhaltung der staatlichen Ordnung so weitreichende Möglichkeiten gewährt, daß alle Aktionen, die noch über diese hinausgehen, sich nicht auf ein Staatsnotrecht berufen können"[23].

Sicher ist das allerdings nicht. Denn die Position der Positivisten stand keineswegs unter dem Wahlspruch „fiat iustitia, et pereat mundus". Vielmehr hielten sie es durchaus für „denkbar, daß ein rechtssatzverletzendes Vorgehen einer Reichs- oder Landesstelle außerordentlicherweise in so hohem Maße durch politische sogenannte Notwendigkeit (d. h. Erforderlichkeit zur Verhütung irreparabler Ereignisse, die als verhängnisvoller angesehen werden als eine — an sich verwerfliche und möglicherweise unabsehbare Folgen auslösende — Verfassungsverletzung) gerechtfertigt erschiene, daß Parlamente und öffentliche Meinung sie dulden und selbst die Gerichte sie gelten lassen. Aber vor dem Forum juristischen Urteils bliebe dieses Vorgehen rechtsverletzend ..."[24]. *Giacometti* formuliert kürzer: „Politisch lassen sich aber diese Verfassungsbrüche rechtfertigen, insofern sie durch höhere Staatsräson, d. h. durch einen echten Notstand des Staates bedingt ... sind[25]." Ob diese Feststellung für die Kategorie des Staatsnotrechtes bereits „nur ein anderer Ausdruck für den Satz ist, daß Macht vor Recht geht"[26],

---

[22] Vgl. *Gather*, Notstandsrecht, S. 47 ff.; *Rewoldt*, Staatsnotrecht, S. 49 ff.

[23] *Apelt*, Geschichte, S. 269; fast wörtlich gleichlautend äußern sich *Grau*, in: Anschütz-Thoma, Handbuch, S. 276 und *Nawiasky*, Staatslexikon, Sp. 1639.

[24] *Thoma*, in: Anschütz-Thoma, Handbuch, Bd. II, S. 231/232.

[25] *Giacometti*, Fleiner-Festschrift, S. 62; ebenso in: Vollmachtenregime, S. 57 und Bundesstaatsrecht, S. 789. Auch der von demselben Ansatz ausgehende *Reber*, Notrecht, spricht von dem Notrecht als einem lediglich „politisch ethischen Prinzip" (S. 41), will aber das Prinzip der Staatsräson davon getrennt wissen (S. 45 ff.).

[26] Georg *Jellinek*, Staatslehre, S. 359. Ähnlich *Projahn*, Staatsnotrecht, S. 68 und *Rewoldt*, Staatsnotrecht, S. 76.

bleibt mit Rücksicht auf die zweifelhafte Allgemeingültigkeit dieses Satzes dahingestellt[27]. Festzuhalten bleibt jedenfalls, daß die Positivisten die mit dem Staatsnotrecht verbundene Problematik in den politischen Raum verweisen, die Exekutive sich also nach ihrer Auffassung in diesem Fall außerhalb der Rechtsordnung stelle und deshalb gegebenenfalls von den übergangenen Staatsorganen Indemnität erbitten müsse[28]. Festzuhalten bleibt aber auch, daß die Stellungnahmen zum Staatsnotrecht entscheidend von dem Gegensatz Rechtspositivismus — Naturrecht bestimmt waren. „Wer mehr dem positiven Recht anhing, verwarf ein Staatsnotrecht. Wer sich mehr zum Naturrecht bekannte, glaubte seine Berechtigung in diesem zu finden[29].“

III. Der Ansatz von Scheurls und die Sonderposition Carl Schmitts

1. von Scheurl

Den von dem Gegensatz Naturrecht — Rechtspositivismus vorgezeichneten Rahmen hätte vielleicht die Überlegung von *v. Scheurl* sprengen können, daß sich „der weitere Ring einer außerordentlichen Rechtsordnung um den engeren Kreis der ordentlichen Rechtsordnung legt“[30]. Den Beweis für die Rechtsqualität der aus dieser außerordentlichen Rechtsordnung abgeleiteten Befugnisse bleibt v. Scheurl allerdings schuldig. Jedenfalls reicht der bloße Hinweis auf die Entscheidung eines obersten Verwaltungsgerichts, in der von der Rechtsqualität solcher Befugnisse ausgegangen wird[31], hierzu nicht aus. Denn die Anwendung einer Norm durch ein Gericht macht diese noch nicht zur Rechtsnorm. Aber auch wenn man deren Rechtsqualität einmal unter-

---

[27] Auf dieses Problem wird später noch zurückgekommen.

[28] So *Grau*, Diktaturgewalt, S. 16, der in Fußn. 1 in diesem Zusammenhang mit Recht auf die entsprechende Praxis in England verweist. Ebenso *Muth*, Ausnahmerecht, S. 20 f. Ähnlich auch *Köhne*, Umfang, S. 1, für den sich das Problem allerdings nicht in der gleichen Schärfe wie für die Positivisten stellt, weil er nicht wie sie formellen und materiellen Verfassungsbegriff gleichsetzt, sondern den materiellen Verfassungsbegriff C. Schmitts übernimmt. Vgl. dazu sogleich.

[29] Zu dieser Beurteilung kommt *Helfritz*, Staatsrecht, S. 244. Die Beurteilung *Koellreutters*, DJZ 32, Sp. 40, die Stellungnahme zur Existenz eines Staatsnotrechts hänge ganz von der Staatsauffassung ab, weshalb für ein „liberalistisches Staatsdenken die Basis fehlt ein Staatsnotrecht als solches anzuerkennen“, geht fehl, wie gerade die letzten Zitate zeigen. Die Positivisten wollen den im Staatsnotstand ergriffenen Maßnahmen lediglich nicht die Rechtsqualität zuerkennen, bejahen aber deren Notwendigkeit aus staatspolitischen Gründen. Positivismus und Liberalismus gehören eben nicht notwendigerweise zusammen, was auch *Muth*, Ausnahmerecht, verkennt, der auf S. 4 den Ausführungen *Koellreutters* zustimmt.

[30] *v. Scheurl*, Einführung, S. 165.

[31] *v. Scheurl*, Einführung, S. 165.

stellt, so bleibt doch unklar, ob v. Scheurl mit seinem Begriff der „außerordentlichen Rechtsordnung“ ein Naturrechtssystem gemeint hat oder jene ungeschriebenen Rechtssätze, die sich aus der geschriebenen Rechtsordnung ableiten lassen und gegebenenfalls der Ausfüllung von Lücken oder der Interpretation von Normen dienen können. Aus diesem Grunde muß der Ansatz v. Scheurls unberücksichtigt bleiben.

2. *Carl Schmitt*

Die positivistische Staatsrechtslehre mochte sich trotz ihrer Auslegungsschwierigkeiten im Zusamenhang mit Art. 48 WRV[32] nicht der einen Ausweg verheißenden Lehre von Carl *Schmitt* anschließen, die dieser erstmals zusammen mit Erwin *Jacobi* auf der Staatsrechtslehrertagung vom 14. und 15. April 1924 in Jena vorgetragen hat[33]. Carl Schmitt bemängelt an der Unantastbarkeitslehre, sie gehe einerseits von einem falschen Verfassungsbegriff aus und huldige andererseits dem Irrglauben, daß die Aufzählung der 7 Grundrechte in Art. 48 Abs. 2 Satz 2 WRV eine Einschränkung der in Satz 1 enthaltenen Befugnisse bezwecke.

Am Verfassungsbegriff der Unantastbarkeitslehre kritisiert C. Schmitt die Identifizierung der Verfassung „mit jedem einzelnen der 181 Artikel der Verfassung, ja mit jedem verfassungsändernden Gesetz, das nach Art. 76 der Weimarer Verfassung zustande gekommen ist“[34]. „Daß die Verfassung unantastbar ist, besagt auf diese Weise nur, daß jede verfassungsgesetzliche Einzelheit für den Diktator bei der Erfüllung seiner Aufgabe ein unüberwindliches Hindernis darstellt“[35]. So wird „jede einzelne verfassungsgesetzliche Bestimmung wichtiger als die Verfassung selbst; der Satz „Das Deutsche Reich ist eine Republik“ (Art. 1 Abs. 1) und der andere Satz „Dem Beamten ist Einsicht in seine Personalnachweise zu gewähren“ (Art. 129 Abs. 3) werden unterschiedslos als „die“ unantastbare Verfassung behandelt. Solche absurden Konsequenzen eines unklaren Verfassungsbegriffs beweisen“ für C. Schmitt, „wie sehr es notwendig und unvermeidlich ist, innerhalb der zahlreichen ‚formalen‘ Verfassungsgesetze zu unterscheiden“[36]. Für Schmitt ist daher ein Begriff von Verfassung nur möglich, wenn Verfassung und Verfassungsgesetz unterschieden werden[37]. Folgerichtig versteht er die „Verfassung im positiven Sinne“ als einen Akt der verfassunggebenden

[32] Die Unzulänglichkeiten der üblichen Auslegung des Art. 48 WRV macht C. *Schmitt* in VVDStRL 1, S. 63 ff. (66) zum Ausgangspunkt seiner Überlegungen.

[33] C. *Schmitt* in VVDStRL 1, S. 63 ff.

[34] C. *Schmitt*, Diktatur, S. IX.

[35] C. *Schmitt*, ebd.

[36] C. *Schmitt*, ebd.

[37] C. *Schmitt*, Verfassungslehre, S. 20.

Gewalt, der „als solcher nicht irgendwelche einzelne Normierungen“ enthält, „sondern durch einmalige Entscheidung das Ganze der politischen Einheit hinsichtlich ihrer besonderen Existenzform“ bestimmt[38]. Für die Weimarer Verfassung sind diese grundlegenden politischen Entscheidungen nach C. Schmitt zugunsten der Demokratie, der bundesstaatlichen Struktur, der parlamentarisch-repräsentativen Form der Gesetzgebung und der Prinzipien des bürgerlichen Rechtsstaats gefallen[39]. Diese Grundentscheidungen in ihrer Gesamtheit bilden die — auch für ihn unantastbare — Verfassung; „die Verfassungsgesetze dagegen können während des Ausnahmezustandes suspendiert und durch Maßnahmen des Ausnahmezustandes durchbrochen werden“[40], denn „das alles berührt die grundlegenden politischen Entscheidungen und die Substanz der Verfassung nicht, sondern steht gerade im Dienste der Aufrechterhaltung und der Herstellung dieser Verfassung“[41].

In diese verfassungstheoretische Konzeption fügen sich die Untersuchungen Schmitts und Jacobis zu Art. 48 WRV nahtlos ein. Aus dem Wortlaut des Art. 48 Abs. 2 WRV und der begrifflichen wie verfassungsgeschichtlichen Bedeutung der Worte: „außer Kraft setzen“ leitet Schmitt ab, „daß der Reichspräsident eine allgemeine Befugnis hat, alle nötigen Maßnahmen zu treffen (Abs. 2 Satz 1) und eine besondere Befugnis, gewisse aufgezählte Grundrechte außer Kraft zu setzen (Abs. 2 Satz 2). Die Einschränkung gilt nur für die besondere Befugnis: will der Reichspräsident Grundrechte außer Kraft setzen, so ist er durch die Aufzählung beschränkt“[42], denn es ist etwas anderes, die Rechtsschranken, welche der Verwaltung gesetzt sind, „im einzelnen Fall zu ignorieren als sie für bestimmte Zeit ganz oder teilweise zu beseitigen und außer Kraft zu setzen“[43]. Für C. Schmitt, der sein Ergebnis ebenso wie die Unantastbarkeitslehre das ihre „durch die Entstehungsgeschichte höchst auffällig bestätigt“[44] sieht, führt diese Lehre von der Antastbarkeit der Verfassung aber nun nicht geradewegs in eine „souveräne Diktatur“[45] des Reichspräsidenten, sondern die Befugnisse aus Art. 48 Abs. 2 unterliegen im Hinblick auf den von Schmitt entwickelten Verfassungsbegriff einer dreifachen Beschränkung: die erste allgemeine Schranke beruht darauf, „daß verfassungsmäßige Einrichtungen als solche und

[38] ebd., S. 21.

[39] C. *Schmitt*, Verfassungslehre, S. 23/24.

[40] C. *Schmitt*, ebd., S. 26.

[41] C. *Schmitt*, ebd, S. 27.

[42] C. *Schmitt*, in: VVDStRL 1, S. 77.

[43] C. *Schmitt*, ebd., S. 76.

[44] C. *Schmitt*, ebd., S. 77.

[45] Diesen Begriff hat C. *Schmitt* in seinem Buch „Die Diktatur“ entwickelt und dem Begriff der „kommissarischen Diktatur“ gegenübergestellt. Vgl. vor allem S. 134 - 139. Die Diktatur des RP bezeichnet er selbst in VVDStRL 1, 89 als kommissarische.

die Verfassung als Ganzes niemals eine Gefährdung im Sinne einer Verfassungsbestimmung bedeuten können"[46], mit Hilfe des Art. 48 Abs. 2 WRV also weder andere Verfassungsbestimmungen als die 7 aufgezählten Grundrechte noch die Verfassung als Ganzes verfassungsmäßig beseitigt werden kann[47].

„Für alle nach Art. 48 Abs. 2 Satz 1 zu treffenden Maßnahmen, auch solche tatsächlicher Art, besteht eine weitere absolute Grenze, welche dadurch bestimmt wird, daß Art. 48 in sich ein Minimum von Organisation enthält, welches infolgedessen in seinem Bestand und seinem Funktionieren nicht behindert werden darf"[48].

Eine letzte Schranke ergibt sich für C. Schmitt dann noch aus dem in Art. 48 Abs. 2 Satz 1 enthaltenen Begriff der Maßnahme[49].

Trotz dieser Einschränkungen hat C. Schmitt durch seinen materiellen Verfassungsbegriff[50] gegenüber der Unantastbarkeitslehre einen wesentlich größeren Freiheitsraum für die Notmaßnahmen der Regierung bzw. des Reichspräsidenten gewonnen, so daß sich für ihn das Problem des Staatsnotrechtes bei weitem nicht in der gleichen Schärfe wie für die Positivisten stellte. Immerhin hält er es für „denkbar, daß in einem extremen Fall selbständig neben der Befugnis aus Art. 48 ein Staatsnotrecht geltend gemacht würde"[51], ohne jedoch seine Rechtsqualität zu begründen oder seine möglichen Schranken aufzuzeigen.

Dies dürfte vor allem auf sein spezifisches Verständnis des Verhältnisses von Norm und Ausnahmezustand zurückzuführen sein. Nach C. Schmitt verlangt nämlich „jede generelle Norm eine normale Gestaltung der Lebensverhältnisse, auf welche sie tatbestandsmäßig Anwendung finden soll und die sie ihrer normativen Regelung unterwirft. Die Norm braucht ein homogenes Medium"[52], denn „es gibt keine Norm, die auf ein Chaos anwendbar wäre"[53]. Deshalb muß auch „die Ordnung hergestellt sein, damit die Rechtsordnung einen Sinn hat. Es muß eine normale Situation geschaffen werden, und souverän ist derjenige, der definitiv darüber entscheidet, ob dieser normale Zustand wirklich herrscht"[54]. Demgegenüber ist „unter Ausnahmezustand ein allgemeiner

[46] C. *Schmitt*, in: VVDStRL 1, S. 93.

[47] C. *Schmitt*, ebd.

[48] C. *Schmitt*, ebd.

[49] C. *Schmitt*, ebd., S. 95 ff.

[50] Der Theorie Schmitts haben sich angeschlossen: *Forsthoff*, in: Annalen, S. 152 - 153; *Jacobi*, in: VVDStRL, S. 117; *Köhne*, Umfang, S. 276; schwankend *Thoma*, in: DJZ 1924, Sp. 657; *Heckel*, in: AöR N.F. 22, 257 ff. unterscheidet zwar ebenfalls formelle und materielle Verfassung, entwickelt aber einen eigenen materiellen Verfassungsbegriff, S. 264 ff.

[51] C. *Schmitt*, VVDStRL 1, S. 83.

[52] C. *Schmitt*, Theologie, S. 19.

[53] ebd., S. 20.

[54] ebd.

Begriff der Staatslehre zu verstehen, nicht irgendeine Notverordnung oder jeder Belagerungszustand“[55], denn „Der Ausnahmefall, der in der geltenden Rechtsordnung nicht umschriebene Fall, kann höchstens als Fall äußerster Not, Gefährdung der Existenz des Staates oder dergleichen bezeichnet, nicht aber tatbestandsmäßig umschrieben werden“[56]. „Die Ausnahme ist (also) das nicht Subsumierbare; sie entzieht sich der generellen Fassung“[57], aber gleichzeitig offenbart sie für C. Schmitt „ein spezifisch-juristisches Formelement“[58], das einen zentralen Raum in seinem Denken einnimmt, „in absoluter Reinheit: die Dezision“[59]. Während sie im Normalfall auf ein Minimum zurückgedrängt wird, macht sie sich im Ausnahmefall „frei von jeder normativen Gebundenheit und wird im eigentlichen Sinne absolut“[60]. Denn die Ausnahmemaßnahmen sollen einen konkreten Erfolg bewirken, also „in den kausalen Ablauf des Geschehens eingreifen mit Mitteln, deren Richtigkeit in ihrer Zweckmäßigkeit liegt und ausschließlich von den tatsächlichen Zusammenhängen dieses Kausalverlaufs abhängig ist. Gerade aus dem, was sie rechtfertigen soll, wird die Diktatur[61] (daher) zu einer Aufhebung des Rechtszustandes überhaupt, denn sie bedeutet die Herrschaft eines ausschließlich an der Bewirkung eines konkreten Erfolges interessierten Verfahrens ... demnach die Entfesselung des Zweckes vom Recht“[62].

2. Kap.: Die Staatsnotrechtsdiskussion nach 1945

Nach der Zäsur von 1933 - 1945 lassen sich die Positionen hinsichtlich des Staatsnotrechtes nicht mehr ganz so eindeutig abstecken, wie dies für die Zeit der Weimarer Republik möglich war. Die naturrechtlichen Argumente einerseits[1] und die rechtspositivistischen andererseits[2] be-

[55] ebd., S. 11.

[56] ebd., S. 12.

[57] ebd., S. 19.

[58] ebd.

[59] ebd.

[60] ebd.

[61] Der Begriff der Diktatur, den C. Schmitt aus Gründen des konkreten Zusammenhangs verwendet, kann ohne weiteres durch den Begriff der „Ausnahme“ ersetzt werden, wie sich aus der wenige Sätze zuvor enthaltenen Aussage ergibt, „daß jede Diktatur die Ausnahme von einer Norm enthält“, C. Schmitt, Diktatur, S. XVI.

[62] C. *Schmitt*, Diktatur, S. XVI/XVII.

[1] So bei *Bellstedt*, in: DÖV 61, 811 ff. (815); *v. der Heydte*, in: Laforet-Festschrift, S. 70; *Koellreuter*, Staatsrecht, S. 152; *Krüger*, Staatslehre, S. 31; *Rück*, Festgabe zur 100-Jahrfeier, S. 91; *Scheuner*, Festgabe für E. Kaufmann, S. 318.

[2] A. *Arndt*, Notstandsgesetz, S. 13; *Bauer*, in: Seifert, Gefahr, S. 11; *Fleiner-Giacometti*, Bundesstaatsrecht, S. 788; *Kägi*, Verfassung, S. 114 ff.; F. *Klein*, in Wehrbeitrag, 2. Hbbd., S. 515; *Töndury*, Begriff, S. 30; *Wägenbaur*, MDR 58, S. 883.

herrschen nicht mehr mit der gleichen Ausschließlichkeit die staatsrechtliche Diskussion. Stattdessen rückte mit der Auseinandersetzung um eine umfassende Regelung des Staatsnotstandsrechtes mehr und mehr die Frage in den Mittelpunkt des Interesses, ob die bereits bestehenden Notstandsbestimmungen des GG[3] ausreichende Mittel zur Verfügung stellten, um allen Notfällen erfolgreich begegnen zu können.

Bei denjenigen, die den positiven Normenbestand des GG für ausreichend hielten und deshalb die Notwendigkeit bspw. eines Notstandsartikels nach dem Muster des Art. 48 WRV verneinen[4], mag der mögliche Mißbrauch rechtlich normierter Ausnahmebefugnisse der Vater ihrer Gedanken gewesen sein. Dem hielt die Mehrheit der Befürworter einer Ausnahmeregelung entgegen, daß die Unzulänglichkeit der gegenwärtigen Bestimmungen „den verantwortlichen Organen keine andere Möglichkeit lasse als die, sich über das Recht hinwegzusetzen"[5] und auf das ungeschriebene Notrecht zurückzugreifen. Dieses sei, seine Existenz unterstellt, zu allgemein, um seinerseits der Gefahr eines Mißbrauches wirksam zu begegnen. Im Gegenteil: wegen dieser mangelnden Eindeutigkeit bedeute „gerade der Gedanke an ungeschriebenes Notrecht die Versuchung, sich über die Verfassung dort hinwegzusetzen, wo gar kein echter Notstand besteht, die rechtlichen Normierungen der Verfassung aber einer politischen Zielsetzung im Wege stehen"[6]. Der Verzicht auf eine Normierung des Ausnahmezustandes bedeute, „daß die Stabilität und das Ansehen der Verfassung den tatsächlichen Notwendigkeiten zum Opfer gebracht werden" müsse und „an die Stelle des Rechts die Macht der Fakten" trete[7]. Deshalb bleibe „nur ein Weg, die Gefahren des Staatsnotrechtes einzudämmen: Das ist der Ausbau des geltenden Ausnahmerechts. Ein kraftvolles Ausnahmerecht, das den Gegebenheiten der Wirklichkeit gerecht wird und im Falle der Not einer Zusammenfassung aller Abwehrkräfte nicht hemmend im Wege steht, läßt für ein übergesetzliches Staatsnotrecht wenig Raum und verringert dadurch dessen Gefahr"[8].

Nicht mehr Existenz und Tragweite des Staatsnotrechtes stehen bei den Befürwortern einer umfassenden Ausnahmeregelung im Mittelpunkt des Disputes, sondern nur noch die Begründung für die politische Zweckmäßigkeit einer Positivierung des Ausnahmerechtes[9]. Trotz dieser

---

[3] Also die vor Verabschiedung der Notstandsverfassung allein in Frage kommenden Art. 37, 81 und 91 GG.

[4] So vor allem *Hamann*, in: DVBl 58, S. 405 ff. (407).

[5] *Hesse*, JZ 60, 106.

[6] *Hesse*, JZ 60, 106.

[7] *Hesse*, ebd. Ebenso schon in DÖV 55, S. 743/744; sehr ähnlich auch *Flor*, in: DVBl 58, S. 149/150.

[8] *Flor*, JR 54, 127.

[9] Außer den Genannten argumentieren auf gleicher Ebene: *Gather*, Notstandsrecht, S. 147/148 und 153/154; *Groß*, in: DVBl 54, 768 ff. (769); *Junker*,

Wendung ins Politische hat es nicht an neuen Versuchen gefehlt, die Rechtsqualität des Staatsnotrechtes zu klären.

I. Die Argumente der Befürworter eines Staatsnotrechtes

1. *Siegers*

Den Gedanken, zur Begründung ungeschriebener Notstandsbefugnisse Analogien zu Normen des Zivil- oder Strafrechtes herzustellen, greift neuerdings[10] wieder *Siegers*[11] auf. Ihr scheint der übergesetzliche Notstand des Strafrechts für eine Analogie zum Staatsnotrecht geeignet.

Da eine Analogie das Bestehen einer Lücke im geschriebenen Verfassungsrecht voraussetzt, prüft Siegers zunächst, ob eine Regelung fehlt und ob sie zudem vermißt wird. Sie geht dabei vom konkreten Fall und einer wertenden Betrachtung auf dem Hintergrund der jeweiligen Rechtslage aus, weil auf diese Weise auch nach der Verabschiedung einer Ausnahmeregelung entstandene Fragen in die Entscheidung einbezogen werden können[12]. Im Ergebnis glaubt Siegers für die konkrete Verfassungslage eine Lücke feststellen zu können, so daß sie sich im weiteren mit dem Problem der Rechtsähnlichkeit der Institute auseinandersetzen muß. Die für den übergesetzlichen Notstand vorausgesetzte Rechtsgut- oder Interessenkollision findet sie in der Staatsexistenz einerseits und dem jeweiligen durch die Verfassung geschützten Rechtsgut andererseits[13]. „Da die Rechtfertigung einer gesetzesverletzenden Handlung durch übergesetzlichen Notstand an die Forderung geknüpft ist, daß das zu rettende Rechtsgut in der der gesamten Rechtsordnung zu entnehmenden Wertskala einen höheren Rang einnimmt als das zu beeinträchtigende oder daß der Eingriff in das fremde Rechtsgut im Vergleich zur Hinnahme des drohenden Schadens als das geringere Übel erscheint, muß (dann) bei jeder staatsnotrechtlichen Maßnahme das Wertverhältnis zwischen der Staatsexistenz und dem mit ihr in Widerstreit stehenden Rechtsgut untersucht werden[14].“ Siegers räumt ein, daß man auch mit Hilfe dieser „der Rechtsordnung zu entnehmenden Wertskala nicht in jeder Situation zu einem klaren Ergebnis bei der Güterabwägung kommen“[15], sondern „darüber hinaus auf überpositive

---

BayVerwBl 60, S. 33; *Schäfer,* in: NJW 60, 1129 und „Notstand“, S. 12; *Schmitt-Lermann,* DÖV 60, 323/324; *Wägenbaur,* MDR 58, 882/883.

[10] Früher schon von *Steiger,* Staatsnotrecht, und *Töndury,* Begriff; vgl. auch noch die bei *Folz,* Staatsnotstand, S. 173/174 angegebene ausländische Literatur.

[11] *Siegers,* Staatsnotrecht, S. 125 ff.

[12] *Siegers,* Staatsnotrecht, S. 138/139. Auf den Willen des historischen Gesetzgebers, eine abschließende Regelung zu treffen, soll es also nicht ankommen.

[13] ebd., S. 140.

[14] ebd., S. 141.

[15] ebd., S. 142.

Wertmaßstäbe zurück greifen müssen“[16] wird. Den „kritischen Punkt[17]“ in ihrer Lösung des Staatsnotrechtsproblems, die Forderung der rechtlichen Bedeutungsgleichheit von Staatsnotstand und Notstand im Strafrecht, glaubt Siegers dann dadurch überwinden zu können, daß sie „die Frage des übergesetzlichen Notstandes und des Staatsnotrechts auf ihren Kernpunkt“[18] reduziert: in beiden Fällen stünden Rechtswidrigkeitsprobleme zur Diskussion, die Frage der Rechtswidrigkeit könne aber nur einheitlich beantwortet werden[19].

2. *Flor*

Einen ganz anderen Weg geht *Flor*[20]. Er will verfassungsüberschreitende Notmaßnahmen unter dem Gesichtspunkt eines übergesetzlichen Staatsnotrechts als rechtmäßig anerkennen, weil es insbesondere im Bereich des Verfassungsrechts „Grenzsituationen gebe, in denen die Verbindlichkeit der geltenden Verfassung ende“, die aber deshalb „keinen rechtsleeren Raum“ bezeichneten, „sondern zwangsläufig neues Recht entstehen“[21] ließen. Für Flor ist „der Staatsnotstand folglich nicht nur ein historisches Faktum, sondern er schafft neues Recht, das für die Dauer der Not an die Stelle des positiven Rechts tritt: eben das Staatsnotrecht. Dieses Staatsnotrecht kann den Verfassungsbruch rechtfertigen. Wer also im Falle der Not ungeachtet der engen Grenzen, die das Grundgesetz ihm auch in Notzeiten zieht, tut, was er nach pflichtmäßigem Ermessen zum Wohle des Bundes und seiner inneren Ordnung zu tun für notwendig hält, handelt nicht schon deswegen rechtswidrig, weil er das geschriebene Recht verletzt“[22]. Flor schreibt also der Notstandssituation selbst rechtserzeugende Kraft zu.

3. *Folz*

Folz[23] beantwortet die Frage, „warum ein regelgebender Akt Recht schafft und warum ein regelmäßiges Verhalten rechtmäßig ist“, „vom Staatsbild eines Gemeinwesens her“[24]. Nach dem heute allgemeingültigen

---

[16] ebd.

[17] ebd., S. 143.

[18] ebd., S. 144.

[19] ebd.

[20] *Flor*, JR 54, S. 125 ff.

[21] *Flor*, ebd., S. 126.

[22] ebd., unter Bezugnahme auf *v. d. Heydte*, Laforet-Festschrift; *Kaufmann*, Problematik und C. *Schmitt*, Diktatur. Dieser Argumentation hat sich angeschlossen *Mattenklott*, Staatsnotstand, S. 86 ff. (88).

[23] *Folz*, Staatsnotstand.

[24] *Folz*, Staatsnotstand, S. 187.

demokratischen Staatsbild könne daher allein der Rechtsgeltungswille des Volkes dem Recht die innere Sanktion verleihen[25]. Dieser die Verfassungsordnung schaffende Rechtsgeltungswille sei aber nicht nur Geltungsgrund der Verfassung, sondern sei auch auf die Erhaltung der geschaffenen Ordnung gerichtet. Den Fortbestand der Ordnung könne er wiederum nur wollen, „wenn er gleichzeitig die Abwehr der Gefahren, und zwar gegebenenfalls unter Durchbrechung bestimmter Verfassungsvorschriften, will“[26]. Deshalb suspendiere er, wenn es erforderlich werde, „um der Erhaltung des Ganzen willen einzelne Bestimmungen der Verfassung und legitimiere gleichzeitig das zur Erhaltung der Verfassungsordnung geschehene Eingreifen der Staatsorgane. Der Wille des Inhabers der Staatsgewalt, die Verfassungsordnung zu erhalten, ist also das rechtfertigende Notprinzip, dem Wissenschaft und Praxis überwiegend den Namen Staatsnotrecht gegeben haben“[27], [28].

4. *Zihlmann*

Der Schweizer *Zihlmann*[29], für den die Geltung der Verfassung ebenfalls auf dem Willen des Volkes beruht[30], sieht in diesen Gedankengängen „nichts anderes als eine Rechtfertigung des Notrechts durch die Lehre von der Legitimität“[31]. Der Legalitätsglaube habe zwar den Gedanken an die Legitimität in den Hintergrund treten lassen und ihn zum Teil völlig verdrängt. „Eine wirklichkeitsadäquate Lehre des Konstitutionalismus“[32] dürfe aber nicht auf der Legalität, sondern müsse auf dem Verhältnis der Legalität zur Legitimität basieren. „Wenn in Zeiten ruhiger Entwicklung das Legitimitätsproblem fast ganz hinter den formellen Fragen zurücktritt und sich der Staat sozusagen in legaler Haut fortentwickelt, so zeigt sich in Zeiten des Notstandes die staatliche Tätigkeit ohne diese Hüllen ... in Friedenszeiten zeigt sich das Recht im legalen Gewande. Fällt dieses im Notstand weg, treten die

---

[25] ebd.

[26] ebd., S. 189.

[27] ebd., S. 190.

[28] In gleicher Richtung liegt auch die Äußerung von *Kurz*, Volkssouveränität, S. 317: „In Krisenzeiten ... kann ein Repräsentant unter Umständen, d. h. wenn für diesen Fall keine Regelung vorgesehen oder die vorgesehene Regelung der Gefahr nicht gewachsen ist, berechtigt sein, sein Mandat „eigenmächtig“, d. h. aber hier, da es um Sein oder Nichtsein des Volkes geht, mit stillschweigender Billigung der Gesamtheit, die ja die Einheit und damit das Bestehen der Gefahr will, in dem Maße inhaltlich auszudehnen, als dies zur Beseitigung der Gefahr notwendig ist.“

[29] *Zihlmann*, Legitimität.

[30] ebd., S. 72.

[31] ebd.

[32] ebd., S. 77.

legitimierenden Kräfte direkt in den Vordergrund. An diesen wird dann das Recht gemessen; den vertrauten Einrichtungen wird vom Volke das Vertrauen entgegengebracht[33]." Doch zugleich, und das ist entscheidend, stehen diese „überkommenen Staatseinrichtungen, psychologisch betrachtet, als Garanten der Gerechtigkeitsidee selbst"[34]. Zu dem Willen des Volkes tritt also ein ideeller Legitimationsgrund in Gestalt der Gerechtigkeitsidee hinzu.

II. Die Argumente der Gegner eines Staatsnotrechts

Wer die Existenz eines Staatsnotrechts jedenfalls für das bundesrepublikanische Verfassungssystem verneint, leitet seine Argumente vor allem aus der Entstehungsgeschichte des Grundgesetzes und seiner Grundstruktur ab. Fehlt es an einer Regelung für den Ausnahmefall, so sind nämlich nach der Auffassung von *Maunz* grundsätzlich zwei Möglichkeiten denkbar:

entweder lasse sich der Verfassung entnehmen, daß es neben und über ihr kein ungeschriebenes Ausnahmerecht geben solle: dann habe der Verfassunggeber die Entscheidung getroffen, daß jede die positiven Verfassungsschranken durchbrechende Maßnahme illegal sein solle. Oder der Verfassungsgeber habe sich einer Stellungnahme enthalten: dann sei zu prüfen, ob ungeschriebenes Ausnahmerecht als geltend angenommen werden könne[35]. In der 14. Auflage seines Staatsrechtslehrbuches erscheint Maunz "bei der gegenwärtigen verfassungsrechtlichen Gestaltung die Annahme eines ungeschriebenen überpositiven Staatsnotrechts als mit der politischen und rechtlichen Grundkonzeption des Grundgesetzes unvereinbar"[36]. Aus der Verfassunggebung des Grundgesetzes sei der Wille des Verfassunggebers, den Staatsnotstand kraft ungeschriebenen Rechts als geltendes Recht auszuschließen, „deutlich erkennbar und auch rechtlich zum Ausdruck gekommen"[37]. So habe „das GG auf Grund der Erfahrungen der Weimarer Spätzeit die Ausnahmerechte des damaligen Präsidialsystems strikte abgelehnt und an Stelle des Notverordnungsrechts lediglich das auf einem Zusammenwirken von Bundespräsident, Bundesregierung und Bundesrat beruhende, der Verfassungsbestandsgarantie dienende Institut des Gesetzgebungsnotstandes zugelassen"[38].

---

[33] ebd.

[34] ebd.

[35] *Maunz*, Staatsrecht, S. 192.

[36] S. 169.

[37] ebd.

[38] *Maunz*, Staatsrecht, S. 285.

Stellt sich die Frage nach dem Staatsnotrecht für Maunz überhaupt nur dann, wenn es an einer Regelung für den Ausnahmefall fehlt, so hat sie sich für ihn erledigt, nachdem „durch die sog. Notstandsverfassung eine umfassende positivrechtliche Regelung des Ausnahmezustandes geschaffen worden ist“[39].

Ähnliche Erwägungen wie Maunz stellt auch *Voigt*[40] an, der die Berufung auf ungeschriebenes Verfassungsrecht insoweit ausschließen will, als sich das ungeschriebene Verfassungsrecht contra legem, also gegen die positiven Verfassungsbestimmungen auswirkt. Für den konkreten Fall des Staatsnotrechtes sei eine derartige Auswirkung contra legem deshalb zu bejahen, weil ein Vergleich der Art. 37, 81 und 91 GG erkennen lasse, „daß die Anwendung verfassungsmäßiger Notrechte auf jene geregelten Fälle beschränkt bleiben soll. Darüber hinaus hätte Berufung auf Staatsnotstand nur noch Argumente des Naturrechts, aber nicht mehr solche ungeschriebenen Verfassungsrechts für sich[41], [42].

Bei näherer Betrachtung ergibt sich demnach ein ganzes Spektrum von Argumenten für und gegen die Rechtsqualität des Staatsnotrechtes[43]. Zu diesen Argumenten soll nun im einzelnen Stellung genommen werden.

3. Kap.: Kritische Auseinandersetzung

I. Der Gegensatz Naturrecht-Rechtspositivismus

Das Problem des Staatsnotrechts wird durch einen Antagonismus Naturrecht-Rechtspositivismus schon deshalb nicht gelöst, weil die Entscheidung für die eine oder andere Position das Staatsnotrecht zu einer Weltanschauungs- oder Staatsauffassungsfrage stilisiert.

Indem die Nationalsozialisten mit der positivistischen Lehre, daß der Staat jeden beliebigen Rechtsinhalt — auch den absolut unsittlichen — setzen könne, Ernst machten, haben sie deutlich werden lassen, daß der Rechtspositivismus „auf einer breiten naturrechtlichen Basis aufruhte, und daß er von einer unverbrauchten sittlichen Substanz

---

[39] ebd., S. 193.

[40] *Voigt*, in: VVDStRL 10, S. 33 ff.

[41] *Voigt*, in: VVDStRL 10, S. 44.

[42] Aus der Entstehungsgeschichte des GG und seiner Grundstruktur leiten ihre ablehnende Haltung gegenüber dem Staatsnotrecht auch noch ab: *Gather*, Notstandsrecht, S. 153 und *Hamann*, Kommentar, Art. 81, S. 356.

[43] Der Versuch, das Staatsnotrecht aus dem Gewohnheitsrecht zu begründen, ist nur gelegentlich unternommen worden. Vgl. *Folz*, Staatsnotstand, S. 180. Da er nur als untauglich bezeichnet werden kann (vgl. die treffende Kritik bei *Siegers*, Staatsnotrecht, S. 122 ff.), bleibt er hier unberücksichtigt.

zehrte, die nun plötzlich weggezogen wurde"[1]. Der unter dem Eindruck des Dritten Reichs stehenden Juristengeneration war der Rechtspositivismus infolgedessen zutiefst fragwürdig geworden, so daß der Naturrechtsgedanke in den ersten Jahren nach 1945 eine ungeahnte Renaissance erlebte. Mit seiner Hilfe hoffte man, wieder allgemein verbindliche Aussagen über Recht und Unrecht eines positiven Rechtssatzes machen zu können, und zwar ganz unabhängig von seinem formal rechtmäßigen Zustandekommen[2]. Das Naturrecht sollte jene kritische Distanznahme gegenüber dem positiven Recht zurückgewinnen helfen, die den Rechtspositivisten verlorengegangen war. Damals wie heute hat es die Naturrechtslehre jedoch nicht vermocht, das jeweils „Richtige" in bestimmten inhaltlichen Normen anzugeben, die unabhängig von Zeit und Ort und von der Verschiedenheit der Menschen und ihrer Lage als ein für allemal vorgegeben hätten betrachtet werden können. Stattdessen hat sie sich entweder mit vagen Allgemeinheiten zufrieden geben müssen[3] oder dem je verschiedenen Verständnis der Begriffe „Natur" und „Recht" entsprechend zu ebenso vielen Naturrechtskonzeptionen geführt wie sich thetische Positionen denken lassen[4].

Darüberhinaus sieht sich die Naturrechtslehre auch innerhalb einer bestimmten Naturrechtskonzeption außerstande, eine Erkenntnismethode zu entwickeln, mit deren Hilfe sich die jeweiligen Sollensinhalte schlüssig aus der „Natur" eines Dinges oder des Menschen ableiten lassen. Sowohl die apriorisch-axiomatischen als auch die empirisch-induktiven Begründungsversuche erwiesen sich als nicht stichhaltig[5], so daß die Berufung auf die Natur einem sozialethischen Daseinsentwurf keine neue *sachliche*[6] Begründung hinzufügt[7], sondern nur als das Mittel erscheint, um die proklamierten Werturteile jeder Anzweiflung zu entziehen: „Die ‚Natur' — das ist entweder die helle Fanfare, mit der ein revolutionärer Sinnentwurf zum Sturm gegen eine überalterte Lebensordnung ansetzt, oder aber das abendliche Signal, das

---

[1] *Welzel*, in: *Maihofer*, Naturrecht, S. 323. Ganz ähnlich auch *Ryffel*, in: *Maihofer*, Naturrecht, S. 501: „Auch der Rechtspositivist ist unweigerlich an nicht positivierten Richtigkeitsvorstellungen ausgerichtet ..., nur daß er sich dessen oft gar nicht bewußt ist, weil es sich um seine eigenen Richtigkeitsvorstellungen handelt." Auch logisch für unmöglich hält den Rechtspositivismus *Ophüls* in NJW 68, 1745 ff.

[2] Kennzeichnend die damals als sensationell empfundene Wende *Radbruchs* in seinem Aufsatz: „Die Erneuerung des Rechts", neuerdings abgedruckt in: *Maihofer*, Naturrecht, S. 1 ff.

[3] Vgl. etwa *Welzel*, in: Maihofer, Naturrecht, S. 330 sowie *Ryffel*, in: Maihofer, Naturrecht, S. 495.

[4] Erik *Wolf*, Problem, S. 193.

[5] Vgl. *Topitsch*, in: Maihofer, Naturrecht, S. 170 ff.

[6] Hervorhebung im Original.

[7] *Welzel*, Naturrecht, S. 243; *Matz*, Rechtsgefühl, bringt bspw. eine ausführliche und treffende Kritik des von H. *Coing* und H. *Hubmann* vertretenen „emotionalen" Naturrechts.

die zerstreuten Kämpfer ins Lager ruft, um sie die Gefahren der Nacht gemeinsam bestehen zu lassen[8]."

Die im Hintergrund der naturrechtlichen Argumentation für das Staatsnotrecht stehende Erwägung, der Staat bedeute schon um der menschlichen Existenz willen einen Wert an sich und habe deshalb die Aufgabe, sich selbst nach außen und nach innen zu verteidigen[9], macht das Gesagte deutlich. Ihr liegt nämlich die nur allzu oft verhängnisvolle Identifikation eines konkreten Staates mit dem Staat als einer gesellschaftlichen Organisationsform schlechthin zugrunde. Sie übersieht aber, daß ein konkreter Staat sehr wohl durch die den Trägern der Staatsgewalt gesetzten Schranken am Überleben gehindert werden kann, ohne daß zugleich jener Naturzustand eintritt, in dem menschliche Existenz überhaupt nicht denkbar ist[10]. Denn in das durch den untergegangenen Staat entstandene Machtvakuum wird sofort eine neue Herrschaftsgewalt hineinstoßen, um es auszufüllen — sei es eine von außen angreifende Macht oder eine von innen her sich des Machtapparates bemächtigende Gruppe. „Hinter der treuherzigen Versicherung, daß der Staat leben müsse"[11], verbirgt sich also in der Tat nur der rücksichtslose Wille, „daß der Staat so leben müsse wie es diejenigen für richtig halten, die sich der Rechtfertigung eines ‚Staatsnotrechts' bedienen[12]."

Löst sich das Naturrecht bei kritischer Betrachtung „in einen offenen Pluralismus werdender und sich entfaltender Werte auf"[13], unter denen das Existenzrecht des Staates nur einer von vielen ist, dann haben wir „Kriterien der Konfliktlösung beizubringen, statt immer noch in endlos sich verlierender Linie nach vermeintlich absoluten Wertwesenheiten zu haschen, die uns deshalb ständig entgleiten, weil sie nicht da sind, jedenfalls nicht aufgewiesen werden können"[14].

II. Carl Schmitt

Kriterien einer solchen Konfliktlösung bietet Carl *Schmitt* schon deshalb nicht, weil er vom Positivismus her gesehen lediglich den Punkt verschiebt, an dem auch er sich dem Problem „Staatsnotrecht" stellen muß: während die Positivisten sich schon bei einer Verletzung der Verfassungsgesetze die Frage nach einem Staatsnotrecht vorlegen müssen,

---

[8] *Welzel*, Naturrecht, S. 242.

[9] Vgl. oben Teil II, 1. Kap. I.

[10] Wie dies *Krüger*, Staatslehre, S. 191, behauptet.

[11] *Kelsen*, Staatslehre, S. 157.

[12] *Kelsen*, ebd.

[13] *Ryffel*, in: Maihofer, Naturrecht, S. 519/520.

[14] *Ryffel*, ebd.

braucht C. Schmitt dies erst bei Verletzung der „Verfassung“ in dem von ihm entwickelten Sinne[15]. Der durch die Unterscheidung von Verfassung und Verfassungsgesetz gewonnene Raum für die Notmaßnahmen nach Art. 48 WRV reduziert zwar den möglichen Anwendungsbereich erheblich, doch hält ja auch C. Schmitt es nach wie vor für denkbar, „daß in einem extremen Fall selbständig neben der Befugnis aus Art. 48 ein Staatsnotrecht geltend gemacht würde“[16]. Allerdings ist angesichts der Überlegungen C. Schmitts zum Ausnahmezustand zweifelhaft, ob dieses Staatsnotrecht überhaupt Rechtscharakter hat. Denn wenn in einem solchen Fall äußerster Not „die Norm vernichtet“ und das „spezifisch juristische Formelement, die Dezision“, von „jeder normativen Bindung frei“ und „im eigentlichen Sinne absolut“[17] wird, dann verneint C. Schmitt gerade den Rechtscharakter des Staatsnotrechtes. Stattdessen bewährt für ihn „die Existenz des Staates hier eine zweifellose Überlegenheit über die Geltung der Rechtsnorm“[18], und die staatliche Autorität „beweist, daß sie, um Recht zu schaffen, nicht Recht zu haben braucht“[19]. Der Grund für dieses Ergebnis ist in dem Verhältnis zu suchen, in dem Norm und Wille für C. Schmitt stehen. Für ihn gibt es nämlich nur die Alternative, daß eine Norm gilt, „weil sie *richtig*[20] ist“[21]; dann führe die systematische Konsequenz zum Naturrecht; „oder eine Norm gilt, weil sie positiv angeordnet ist, d. h. kraft eines existierenden Willens“[22]. C. Schmitt entscheidet sich für die zweite Alternative, wie sich an seinem positiven Verfassungsbegriff ablesen läßt. Die Verfassung im positiven Sinne gilt nämlich nicht „kraft ihrer normativen Richtigkeit oder kraft ihrer systematischen Geschlossenheit“[23], sondern „kraft des existierenden politischen Willens desjenigen, der sie gibt“[24]. Und „jede Art rechtlicher Normierung ... setzt einen solchen Willen als existierend voraus“[25]. Bei Schmitt bezeichnet das Wort „Wille“ also „im Gegensatz zu bloßen Normen eine seinsmäßige Größe als den Ursprung eines Sollens“[26]. Damit löst er aber das Spannungsverhältnis zwischen Wille und Norm bzw. Macht oder Autorität[27] und

---

[15] Zur —treffenden — Kritik dieses Verfassungsbegriffs vgl. *Ehmke*, Grenzen, S. 37 ff.

[16] C. *Schmitt*, VVDStRL 1, S. 83.

[17] C. *Schmitt*, Theologie, S. 19.

[18] C. *Schmitt*, VVDStRL 1, S. 83.

[19] C. *Schmitt*, Theologie, S. 20.

[20] Hervorhebung im Original.

[21] C. *Schmitt*, Verfassungslehre, S. 9.

[22] C. *Schmitt*, ebd.

[23] C. *Schmitt*, ebd., S. 22.

[24] C. *Schmitt*, ebd.

[25] C. *Schmitt*, ebd.

[26] C. *Schmitt*, ebd., S. 9.

[27] Diese Begriffe können an die Stelle des Begriffs „Wille“ gesetzt werden, weil der politische Wille nur mit Hilfe von Macht oder Autorität imstande ist, die Existenz der politischen Einheit im Ganzen zu bestimmen, vgl. C. *Schmitt*, Verfassungslehre, S. 75/76.

Recht einseitig zugunsten der Macht bzw. Autorität auf. Ihre Legitimation erfährt die staatliche Autorität daher nicht aus einer absoluten Norm, sondern aus einem ganz bestimmten Zweck: der Wiederherstellung bzw. Bewahrung einer faktischen Normalität als dem immanenten Geltungsgrund aller Rechtsnormen[28]. Damit verkennt C. Schmitt aber nicht nur das Wesen des Verhältnisses von Macht bzw. Autorität und Recht, wie noch zu zeigen sein wird, sondern er rückt auch in die Nähe jener naturrechtlichen Argumentation, die den Staat als alleinigen Garanten der menschlichen Existenz begreift[29]. Die daran geübte Kritik[30] richtet sich daher hier auch gegen C. Schmitt.

III. Die Staatsnotrechtsdiskussion nach 1945

1. Siegers

Der Versuch, die Rechtsqualität des Staatsnotrechtes mit Hilfe von Normen des Zivil- und Strafrechts zu begründen, ist schon mehrfach scharfer Kritik unterzogen worden[31]. Diese Kritik trifft letztlich auch *Siegers*, obwohl sie ihre Analogie nicht unmittelbar auf die §§ 53, 54 StGB, sondern nur auf das Institut des „übergesetzlichen Notstandes" stützt und außerdem auf das Prinzip der Rechtsgut- oder Interessenkollision und das Rechtswidrigkeitsproblem reduziert.

Zugleich trägt gerade diese Reduktion zu der Fragwürdigkeit ihrer Überlegungen bei, denn in beiden Fällen stehen nicht nur Güterabwägungs- und Rechtswidrigkeitsprobleme zur Diskussion. Insbesondere geht es nicht an, die Tatbestandsmerkmale des Notstandes allein in der Rechtsgut- oder Interessenkollision zu sehen und die für den strafrechtlichen Notstand vorausgesetzte gegenwärtige Gefahr[32] einfach unberücksichtigt zu lassen. Gerade in diesem Punkt ergeben sich nämlich im Staatsnotstand erhebliche Probleme, wenn man bspw. an die in einem „Spannungsfall"[33] von der Exekutive zu ergreifenden präventiven Maßnahmen denkt. Schließlich führt das Güterabwägungsprinzip in das gleiche Dilemma wie bei der Gegenüberstellung von Naturrecht und Rechtspositivismus: kommt man nämlich bei der Güterabwägung mit Hilfe der der Rechtsordnung zu entnehmenden Wert-

[28] Vgl. dazu oben Teil II, 1. Kap. III, 2 am Ende.

[29] Vgl. oben Teil II, 1. Kap. I; *Hofmann*, Legitimität, S. 76/77 schreibt erläuternd zu dieser Schmitt'schen Position: „Der Einzelne anerkennt aus natürlichem Selbsterhaltungstrieb um seines Schutzes willen die zweckrational begründete Autorität der ihn umfassenden faktischen Machtorganisation."

[30] Vgl. oben Teil II, 3. Kap. I.

[31] Darauf wurde schon oben Teil I, 2. Kap. II, 2a bei der Klärung des Begriffs Staatsnotstandsrecht hingewiesen.

[32] Vgl. *Schönke-Schröder*, Strafgesetzbuch, vor § 51 StGB Rdziff. 55.

[33] Art. 80a GG.

skala nicht zu einem klaren Ergebnis, dann wird man „auf überpositive Wertmaßstäbe zurückgreifen müssen“[34]. Daß diese wegen des vorhandenen Wertpluralismus zu keinem Ergebnis führen können, wurde bereits dargelegt. Siegers Lösungsvorschlag ist daher unbrauchbar.

2. *Flor*

Der Gedanke *Flors*, es gebe zumal im Verfassungsrecht Grenzsituationen, in denen die Verbindlichkeit der geltenden Verfassung ende und zwangsläufig neues Recht entstehe[35], weist eine gewisse Verwandtschaft mit den Überlegungen Carl Schmitts zu dem Problem der Ausnahmesituation auf. Im Gegensatz zu diesem läßt Flor jedoch offen, inwiefern aus dem bloßen Faktum einer Grenzsituation, also einem „Sein“, eine rechtfertigende Norm, ein „Sollen“, entstehen kann. Zwar werden sich die Dinge auch in einem Notstand unabhängig von der jeweiligen positiven Rechtslage weiterentwickeln und die staatliche Autorität wird, um mit C. Schmitt zu sprechen, Recht schaffen. Aber ob sie auch das Recht dazu hat, das ist die Frage, die es zu beantworten gilt und die sich aus der Ausnahmesituation nicht beantworten läßt[36]. Im Grunde löst Flor das Verhältnis von Sein und Sollen, zwischen der Existenz des Staates und seiner normativen Bindung, ebenso wie C. Schmitt einseitig zugunsten des Staates auf. Er unterliegt damit der gleichen Kritik, die es aber noch zu vertiefen gilt.

3. *Folz*

Eine im Vergleich zu Flor noch größere Affinität zum Denken C. Schmitts weist der Ansatzpunkt *Folz'* auf. Denn wenn für ihn allein „der Rechtsgeltungswille des Trägers der Staatsgewalt Geltungsgrund der Verfassung ist“ und dieser Wille auch ohne weiteres „das geschaffene Verfassungssystem zu einer rechtmäßigen Ordnung macht“[37], dann bedarf die Verfassung ebenso wie für C. Schmitt „keiner Rechtfertigung an einer ethischen oder juristischen Norm, sondern hat ihren Sinn in der politischen Existenz“[38]. „Es genügt, daß die Nation will.“ Dieser

---

[34] *Siegers*, Staatsnotrecht, S. 142.

[35] *Flor*, in: JR 54, S. 126.

[36] Ebenso *Folz*, Staatsnotstand, S. 179/180 und *Siegers*, Staatsnotrecht, S. 113/114.

[37] *Folz*, Staatsnostand, S. 188.

[38] C. *Schmitt*, Verfassungslehre, S. 87. Die Gleichstellung mit C. Schmitt scheitert nicht etwa daran, daß Schmitt von einer Entscheidung der verfassunggebenden Gewalt, Folz aber von der Staatsgewalt spricht. Denn Folz unterscheidet nicht wie etwa *Henke*, Gewalt, S. 32 zwischen der verfassunggebenden Gewalt, die beim Volk liegt und der Staatsgewalt, die gerade nicht beim Volk liegt. Das geht klar aus den Sätzen Folz' hervor, wonach Träger der Staatsgewalt im demokratischen Staat das Volk ist. Vgl. *Folz*, Staatsnotstand, S. 187.

Satz von *Sieyes*[39] trifft — nicht nur für C. Schmitt, sondern auch für Folz — „am klarsten das Wesentliche dieses Vorganges"[40].

Ebenso wie Flor stellt sich aber auch C. Schmitt und Folz die Frage, wie aus einer Seins-Kategorie wie dem Willen logisch ein Sollen, eine Rechtsnorm abgeleitet werden soll.

Denn ein existierender Wille ist eben rechtlich indifferent. Seine bloße Existenz beweist noch nichts für das Recht, weil er sowohl das Recht wie auch das Unrecht wollen kann[41]. Es sind daher „niemals gesellschaftliche, sondern moralische Instanzen, die darüber entscheiden, ob bestehendes Recht gerecht ist"[42]. Der Wille des Trägers der Staatsgewalt vermag demgegenüber nur die faktische Geltung einer Normordnung innerhalb eines gesellschaftlichen Gebildes zu garantieren. Recht und Rechtsgeltung sind daher scharf voneinander zu trennen, was aber gerade von Folz verkannt wird[43].

Darüber hinaus stößt diese Theorie auf die Schwierigkeit, den jeweiligen konkreten Willen des Volkes festzustellen, sie läßt aber auch die Frage nach der „Omnipotenz" der verfassunggebenden Gewalt und ihren Grenzen offen[44]. Schließlich ist die Anwendbarkeit der Theorie von der verfassunggebenden Gewalt im Falle des Staatsnotrechtes schon deshalb zweifelhaft, weil es hier weder um eine Verfassungsschöpfung noch um eine Verfassungsänderung geht[45].

4. Zihlmann

Obwohl *Zihlmann* ebenso wie Folz den Willen des Volkes in den Mittelpunkt seiner Überlegungen stellt[46], gilt die an Folz und C. Schmitt geübte Kritik für ihn nur zum Teil. Denn die von Folz gestellte Frage, „warum ein regelgebender Akt Recht schafft und warum ein regelmäßiges Verhalten rechtmäßig ist"[47], beantwortet er um eine entscheidende Dimension umfassender als dieser. Für ihn besitzt nämlich die Legitimität, wie bereits dargelegt wurde, „zwei Aspekte: einmal die soziale Legitimierung der rechtssichernden Autorität, dann die ideelle Legitimierung des Staates durch sittliche Rechtsgrundsätze"[48]. Indem

---

[39] Emanuel *Sieyès*, Was ist der dritte Stand? Kap. V.

[40] C. *Schmitt*, Verfassungslehre, S. 79.

[41] Vgl. auch *Siegers*, Staatsnotrecht, S. 120 f.

[42] *Dahrendorf*, in: Hamburger Jahrbuch, S. 128.

[43] Der Rechtsgeltungswille des Trägers der Staatsgewalt mag zwar der faktische Geltungsgrund der Verfassung sein, aber deren tatsächliche Geltung besagt eben noch nichts über ihre Rechtmäßigkeit.

[44] Vgl. zu diesem Problem etwa *Sauerwein*, Omnipotenz.

[45] Vgl. dazu *Siegers*, Staatsnotrecht, S. 120.

[46] *Zihlmann*, Legitimität, S. 71 ff.

[47] *Folz*, Staatsnotstand, S. 187.

[48] *Zihlmann*, Legitimität, S. 78.

Zihlmann also die in einer Gesellschaft bestehende Rechtsordnung nicht nur als ein Instrument des Willens der jeweils herrschenden Gruppe, sondern zugleich als einen Ausdruck der Gerechtigkeitsidee begreift, entgeht er der Eindimensionalität sowohl des Schmitt'schen Dezisionismus[49] als auch des Rechtspositivismus. Er überwindet damit den beziehungslosen Gegensatz von Wille und Norm, bzw. Sein und Sollen, der die bisherige Diskussion um das Staatsnotrecht so entscheidend bestimmt hatte.

Da Zihlmann ebenso wie Folz im Willen des Volkes zumindest den einen legitimierenden Faktor für eine konkrete Rechtsordnung sieht, ergeben sich für ihn allerdings nach wie vor die aus der Lehre vom pouvoir constituant abgeleiteten Probleme.

So soll die Äußerung des Volkswillens an kein bestimmtes Verfahren gebunden, sondern „auch eine stillschweigende Zustimmung des Volkes immer möglich"[50] sein. Wann eine stillschweigende Zustimmung dann aber in eine stillschweigende Ablehnung umschlägt, dürfte nicht auszumachen sein, so daß man die Zustimmung des Volkes so lange als gegeben unterstellen muß, wie ein gegenteiliger Wille, der sich etwa in Widerstandsmaßnahmen oder Mißfallenskundgebungen äußern könnte, nicht erkennbar wird[51]. Da die jeweiligen Mißfallenskundgebungen oder Widerstandshandlungen aber nur von Minderheiten zu erwarten sind, bestehen dann Zweifel hinsichtlich ihrer Repräsentativität für den Volkswillen[52], so daß eine Entscheidung über die tatsächliche Legitimation von Regierungsmaßnahmen kaum zu treffen wäre.

Unabhängig von dieser ins einzelne gehenden Kritik sind aber nicht nur gegen die Gedankengänge Zihlmanns, sondern auch gegen die Überlegungen Flors und Folz' grundsätzliche Einwände zu erheben. Sie ergeben sich zum einen aus der schon von *Maunz* mit überzeugenden Gründen vertretenen These, das GG lasse deutlich den Willen des Verfassungsgebers erkennen, das ungeschriebene Staatsnotrecht als geltendes Recht auszuschließen[53]. Die Ableitung dieser These aus „der politischen und rechtlichen Grundkonzeption des Grundgesetzes"[54] erinnert an die vorliegende Untersuchung zu Art. 20 IV GG als einer Legalitätsreserve für Staatnotstandsmaßnahmen und liegt durchaus in deren Konsequenz. Denn wenn die Gesamtkonzeption des GG schon

[49] Das wird von *Siegers*, Staatsnotrecht, S. 110, verkannt, so daß sie Zihlmann zu Unrecht mit Folz und Kurz auf eine Stufe stellt.

[50] *Zihlmann*, Legitimität, S. 73, der hier an C. *Schmitt*, Verfassungslehre, S. 82 ff., anknüpft — das Zitat auf S. 91.

[51] C. *Schmitt*, Verfassungslehre, S. 84: „In kritischen Zeiten wird das Nein, das sich gegen eine bestehende Verfassung richtet, nur als Negation klar und entschieden sein, während der positive Wille nicht ebenso sicher ist."

[52] Das hat *Siegers*, Staatsnotrecht, S. 118, richtig gesehen.

[53] Vgl. oben Teil II, 2. Kap. II.

[54] Vgl. oben Teil II, 2. Kap. II.

der Annahme einer Generalklausel in der Verfassungs*urkunde* entgegensteht, dann muß dies noch viel mehr für die *ungeschriebene* „Generalklausel" des Staatsnotrechtes gelten, deren Konturen infolge ihrer mangelnden Positivierung auch den letzten Rest an Schärfe verloren haben.

Bestätigt wurde diese Ansicht durch den verfassungsändernden Gesetzgeber, als dessen Beratungen über die Notstandsverfassung in ihre entscheidende Phase eingetreten waren. Nach dem Willen aller Beteiligten war es nämlich das erklärte „Ziel der Notstandsverfassung, den Rückgriff auf ungeschriebene Verfassungsgrundsätze durch ausdrückliche Regelungen zu erübrigen"[55]. Um jede Manipulation mit einem übergesetzlichen Notrecht zu verhindern, sollte die Notstandsverfassung bspw. klar festlegen, wo „als ultima ratio — aber auch nur dann — Bundeswehr zur Unterstützung der Polizei eingesetzt werden kann"[56]. Es sollte also gerade nicht mehr die „ultissima ratio" eines Staatsnotrechtes geben.

Die von *Siegers* an dieser Auffassung geübte Kritik[57] geht fehl. Zuzugeben ist zwar, daß der Verfassungsgeber ebenso wie der verfassungsändernde Gesetzgeber das Staatsnotrecht nur dann ausschließen kann, wenn es überhaupt seiner Disposition unterliegt. „Das Argument, daß das Staatsnotrecht durch den Verfassungsgesetzgeber ausgeschlossen werden kann", wäre daher „für den Fall, daß man das Staatsnotrecht als überpositives oder vorstaatliches Recht anerkennt, in sich selbst widerspruchsvoll und deshalb nicht haltbar"[58]. Entgegen der Meinung von Siegers gehen aber nicht alle diejenigen Autoren, die den Ausschluß des Staatsnotrechtes durch die Verfassung behaupten, so eindeutig von einem naturrechtlichen bzw. vorstaatlichen Charakter des Staatsnotrechtes aus, wie sie dies darzustellen versucht[59]. Darüberhinaus unterscheidet Siegers selbst zwei Hauptgruppen des ungeschriebenen Verfassungsrechts: „einmal ... die Normen des Naturrechts ..., die über der Verfassung stehen und die Inhalt der „moralischen Weltverfassung" sind; und zum zweiten „die ungeschriebenen Verfassungssätze, die sich aus dem System der jeweiligen Verfassung ergeben", „jedoch kein überpositives Recht sind"[60]. Sie kennt also neben dem überpositiven noch ein „positives ungeschriebenes Recht"[61], beschränkt sich dann aber in ihrer Kritik an der Lehre von Maunz und anderen auf

[55] Schriftlicher Bericht des Rechtsausschusses V/2873.

[56] Der Abg. *Stammberger* (SPD) in der 175. Sitzung des BT vom 16. Mai 1968, Sten. Bericht V/9451.

[57] *Siegers,* Staatsnotrecht, S. 97 ff.

[58] ebd., S. 98.

[59] Ganz eindeutig in diesem Sinne eigentlich nur *Voigt,* VVDStRL 10, S. 44.

[60] *Siegers,* Staatsnotrecht, S. 88.

[61] *Siegers,* ebd., greift insoweit offensichtlich auf die Rspr. des BVerfG zurück.

den — weithin irrealen — Fall, daß dort das Staatsnotrecht als ein überpositives oder vorstaatliches Recht begriffen wird. Eine Auseinandersetzung mit dem Staatsnotrecht als einem positiven ungeschriebenen Rechtssatz sucht man dagegen bei ihr vergebens. Gerade aus diesem Rechtskreis leiten aber die von Siegers kritisierten Autoren und mit ihnen die hier vorgelegte Arbeit ihre These ab, daß für ein — ungeschriebenes — Staatsnotrecht im Verfassungssystem der BRD kein Raum ist.

Abgesehen davon haben Flor, Folz und Zihlmann aber auch die Basis aller Versuche, die Rechtsqualität des Staatnotrechtes nachzuweisen, nämlich das ungeschriebene Verfassungsrecht, verlassen. Ihre Überlegungen wurzeln nicht mehr in dem „vorverfassungsmäßigen Gesamtbild des Verfassungsgebers", wie es sich „aus der Gesamtheit der einzelnen Verfassungsrechtssätze" ableiten läßt, sondern begründen die Rechtsqualität des Staatsnotrechts mit der Grenzsituation (Flor), dem Volkswillen (Folz) oder dem Volkswillen *und* der Gerechtigkeitsidee (Zihlmann). Alle drei geben damit zwar Begründungen für die geschichtlich nicht zu widerlegende Tatsache, daß Maßnahmen der Exekutive im Notstandsfall von den Gewaltunterworfenen auch dann als rechtmäßig angesehen wurden und somit in Geltung waren, wenn es an einer formellen Rechtsgrundlage für diese Maßnahmen fehlte. Während Flor und Folz sich mit dem bloßen Faktum als Legitimation begnügen, will Zihlmann darüberhinaus die Rechtmäßigkeit der jeweiligen Maßnahme im Sinne der Gerechtigkeitsidee sichern. Doch mißt er damit eine Maßnahme allenfalls an idealen Werten, nicht aber an einem konkreten Verfassungssystem. Alle Versuche, die Rechtsqualität des Staatsnotrechtes als eines ungeschriebenen Verfassungsrechts in unserer Verfassung nachzuweisen, sind somit bislang gescheitert.

Teil III

Das Spannungsfeld von Macht und Recht

Ist den Staatsorganen und Amtswaltern nach dem bundesrepublikanischen Verfassungssystem in einem mit den verfassungsmäßigen Mitteln nicht zu bewältigenden Staatsnotstand auch der Ausweg in das ungeschriebene Staatsnotrecht als Legitimationsgrundlage versperrt, so ist doch nur schwer vorstellbar, daß sie angesichts einer solchen Situation aus Respekt vor der gegebenen Rechtslage untätig bleiben. Vielmehr werden sie mit hoher Wahrscheinlichkeit diese Rechtslage unter Berufung auf eine wie immer geartete Staatsräson als neue Legitimationsgrundlage zu überspielen suchen und Maßnahmen zur Aufrechterhaltung oder Wiederherstellung der bestehenden Herrschaftsordnung ergreifen. Diese Maßnahmen werden auch trotz ihres Verstoßes gegen die geltende Rechtslage faktische Geltung erlangen. Aber heißt das nicht letzten Endes doch jenen Recht geben, für die Not kein Gebot kennt, das factum brutum des Existentiellen sich also gegenüber dem Normativen Bahn bricht? Oder kann das Recht sein Feld als Legitimationsgrundlage behaupten und sich in den jeweiligen Notstandsmaßnahmen ein Stück weit verwirklichen? Anders ausgedrückt: Setzt sich im Zweifelsfall der Wille des jeweiligen Machthabers durch, so daß das Recht lediglich als eine Funktion der Macht anzusehen wäre, oder das Recht? — oder vielleicht auch beides? Diesen Fragen soll nun, nachdem sie auch schon mehr oder weniger deutlich im Hintergrund der gesamten Staatsnotrechtsdiskussion gestanden haben, im einzelnen nachgegangen werden.

Das Verhältnis von Wille und Norm, von Macht und Recht oder — noch grundsätzlicher — von Sein und Sollen, ist seit jeher Gegenstand rechtsphilosophischer Auseinandersetzungen gewesen. Es kann daher mit Rücksicht auf den Rahmen dieser Arbeit weder umfassend behandelt werden, noch dürfen wir hoffen, eine grundsätzlich neue und allein richtige Antwort zu finden. Es kann sich lediglich darum handeln, in Auseinandersetzung mit dieser Thematik neue Gesichtspunkte für die Lösung unseres konkreten Problems zu gewinnen. Um gerade in diesem Zusammenhang besonders häufig auftretende Mißverständnisse zu vermeiden, bedarf es allerdings zunächst einer klaren Terminologie.

Ihr Ziel kann es nicht sein, die Gegenstände unserer Betrachtung mit wesensmäßiger Wahrheit oder Notwendigkeit zu bezeichnen. Vielmehr geht es darum, im Hinblick auf unser Problem und seine Lösung begriffliche Feststellungen vorzunehmen, „die sich als geeignet erweisen, zu verbinden, was zusammengehört, und zu trennen, was getrennt werden soll"[1]: „sie können und sollen nur den Charakter von Arbeitshypothesen haben, uns aber ein Werkzeug in die Hand (geben), das eindeutige Zuordnungen gewährleistet"[2].

1. Kap.: Definition von Macht und Recht

I. Macht

Mit den dargelegten Vorbehalten ließe sich Macht allgemein als die Fähigkeit definieren, das Verhalten anderer zu steuern[3]. In dieser Allgemeinheit ist Macht allerdings in allen nur denkbaren sozialen Verhältnissen zu beobachten, so daß wir ihren Begriff präzisieren müssen, wenn er für unsere Zwecke brauchbar werden soll. Da im folgenden das Verhältnis der Wirksamkeit des Staatsnotrechts zur Macht des dieses Recht anordnenden staatlichen Normgebers geklärt werden soll, empfiehlt sich die Beschränkung des Machtbegriffs auf diesen speziellen Machtträger und den ihm zugeordneten Wirkungsbereich. Macht wäre dann in unserem Zusammenhang als die Fähigkeit des staatlichen Normgebers zu definieren, das Verhalten der Normadressaten zu steuern.

II. Recht

So relativ leicht diese Definition fällt, so schwer wird die des Rechts. Denn dieser Begriff kann nach dem üblichen Sprachgebrauch sowohl eine subjektive Berechtigung als auch eine gesollte Ordnung meinen; und im letzteren Sinne kann Recht ebenso einen bestimmten Teil des normativen Ordnungssystems innerhalb eines „Gesellschaftsintegrates"[4] wie eine Rechtsidealität im Sinne einer apriorisch gültigen, absoluten, „gerechten" Ordnung bedeuten. Wenn auch das Recht als subjektive

---

[1] *Kantorowicz*, Begriff, S. 25.

[2] *Kantorowicz*, ebd. Er spricht im Zusammenhang mit diesem Verfahren sehr einprägsam von „Begriffspragmatismus" ebd., S. 24.

[3] Diese Definition erfolgt in Anlehnung an die Definitionen Max *Webers* (Wirtschaft 1. Hbbd., S. 28) und Theodor *Geigers* (Vorstudien, S. 340). Vgl. auch noch *Hirsch*, in: Recht, S. 244/245, mit weiteren Hinweisen.

[4] Mit dem soziologischen Begriff „Gesellschaftsintegrat" ist eine räumlich, zeitlich und personell begrenzbare menschliche Gruppe gemeint; vgl. *Hirsch*, in: Recht, S. 28.

Berechtigung in unserem Zusammenhang unberücksichtigt bleiben kann, weil es seine Grundlage überhaupt nur in dem Recht als einer gesollten Ordnung findet, und es daher genügt, das Verhältnis der Macht zu diesem zu klären, so bedarf doch gerade die bereits angedeutete Ambivalenz des Rechts als gesollter Ordnung noch weiterer Erörterungen. Dabei ist die juristische von der soziologischen Betrachtungsweise zu trennen, denn während die erstere fragt, was als Recht gelten soll, fragt die letztere: „was innerhalb einer Gemeinschaft *faktisch*[5] um deswillen *geschieht*[6], weil die *Chance*[6] besteht, daß am Gemeinschaftshandeln beteiligte Menschen ... bestimmte Ordnungen als geltend subjektiv ansehen und praktisch behandeln, also ihr eigenes Handeln an ihnen orientieren“[7]. Während die Soziologie also nur solche Verhaltensregeln als Rechtsregeln erkennen will, die in der sozialen Wirklichkeit Beachtung finden, faktisch in Geltung stehen[8], ist ein derartiger Geltungsbegriff für die juristische Betrachtungsweise schlechthin unerträglich. Denn ein Richter kann bspw. seine Entscheidung nicht auf Grund eines mehr oder minder hohen Wahrscheinlichkeitsgrades der faktischen Geltung des Rechtssatzes fällen, sondern muß von einem klaren Entweder — Oder bei seiner Entscheidung ausgehen können: Entweder gilt ein Rechtssatz oder er gilt nicht. Der faktischen Geltung eines Rechtssatzes, wie sie für den Soziologen allein relevant ist, setzt der Jurist daher die normative, jedem Rechtssatz wesensmäßig zugehörige Geltung entgegen.

Hans *Kelsen* hat diesen Aspekt der Rechtsgeltung, von einem „vollkommenen Gegensatz zwischen Naturgesetz und Norm, einer vollkommenen Disparität von Sein und Sollen“[9] ausgehend, in besonderem Maße hervorgehoben[10]. Während das Naturgesetz jede Art physischen oder psychischen Geschehens, also das Sein, zum Gegenstand hat, kommt das Sollen in seiner Bedeutung als formallogische Kategorie im Gegensatz zum Sein „gerade für das Recht und dessen Normen in Betracht“[11]. Macht das Sollen „das spezifische Wesen der Norm“[12] aus, so besteht für Kelsen „ihre Geltung (gerade) nicht in ihrer Wirkung, in ihrem tat-

[5] Hervorhebung im Original.

[6] Hervorhebungen im Original.

[7] Max *Weber*, Wirtschaft, 1. Hbb., S. 181. An der Geltung einer Ordnung „orientieren“ kann man sein Handeln, wie Weber betont, nicht nur „durch Befolgung“ ihres Sinnes. Auch im Fall der „Umgehung“ oder „Verletzung ihres Sinnes kann die Chance ihrer ... Geltung wirken“; so bspw. dadurch, daß eine regelwidrige Handlung heimlich vorgenommen wird. Vgl. *Weber*, Wirtschaft, 1. Hbbd., S. 16 f.

[8] So auch *Geiger*, Vorstudien, S. 205 ff.

[9] *Kelsen*, Hauptprobleme, S. 7.

[10] Vgl. daher zum folgenden vor allem *Kelsen*, Rechtslehre, S. 9 ff., aber auch *Coing*, Rechtsphilosophie, S. 265 ff., insbes. S. 288 ff.

[11] *Kelsen*, Hauptprobleme, S. 11.

[12] *Kelsen*, ebd., S. 15.

sächlichen Befolgtwerden, nicht in einem Sein (Geschehen), sondern in ihrem Sollen"[13]. „Geltung" einer Norm bedeutet für Kelsen also, daß irgendetwas sein soll, getan oder nicht getan werden soll[14]. Zwar ist es der Zweck der Norm, selbst Ursache zu sein, motivierend auf den Willen der Menschen Einfluß zu nehmen, aber sie muß nicht ihren Zweck erfüllen; auch die wirkungslose Norm bleibt Norm. „Für die spezielle ‚Soll'-Geltung der Norm bleibt (daher) die Realisierung ihres Zwecks bedeutungslos[15]." Die daraus sich ergebende Differenz zwischen der Rechtsgeltung im soziologischen und im juristischen Sinne, die begrifflich wohl am besten durch die Unterscheidung von „Wirksamkeit" und „Geltung" des Rechts zum Ausdruck gebracht wird[16], hat auch der Soziologe Max *Weber* klar gesehen: „Das ‚Gelten' eines Rechtssatzes im *soziologischen*[17] Sinn ist ein empirisches Wahrscheinlichkeitsexempel über Fakta, das Gelten im juristischen Sinn ist ein logisches Soll[18]."

Trotz dieses Unterschiedes werden wir uns beide Betrachtungsweisen zu eigen machen müssen. Denn wenn auch die Soziologie als Seins-Wissenschaft schon aus Gründen der Erkenntnistheorie kein Sollen *begründen*, sondern nur die mit einem Geltungsanspruch verknüpften Verhaltensregeln als in einer Gesellschaft vorhanden aufzeigen kann[19], so zielt doch die Ausgangsfrage auf die Gründe sowohl für die Wirksamkeit als auch für die Geltung der Staatsnotrechtsnormen und berührt insofern allemal ein Problem gesellschaftlicher Wirklichkeit. Die Macht des Normgebers, nach deren Verhältnis zum Recht gefragt ist, stellt ein ausschließlich in der sozialen Beziehung von Menschen zu beobachtendes Phänomen dar. Und schließlich kann und will selbst die „Reine Rechtslehre" Kelsens die Normativität des Rechts nicht gänzlich von seiner Effektivität loslösen und muß deshalb nach deren Gründen fragen. Denn auch nach Kelsens Auffassung „wird eine Norm, die nirgends und niemals angewendet und befolgt wird, das heißt eine Norm, die — wie man zu sagen pflegt — nicht bis zu einem gewissen Grade wirksam ist, nicht als gültige Rechtsnorm angesehen. Ein Minimum an sogenannter Wirksamkeit ist eine Bedingung ihrer Geltung"[20]. Ohne soziologi-

---

[13] ebd., S. 14.

[14] Vgl. *Kelsen*, Rechtslehre, S. 10, ähnlich auch *Krawietz*, Funktion, S. 70; *Larenz*, Rechtsgeltung, S. 15.

[15] *Kelsen*, Hauptprobleme, S. 14.

[16] Diese klare Trennung auch bei *Coing*, Rechtsphilosophie, S. 292, *Kelsen*, Rechtslehre, S. 10, *Krawietz*, Funktion, S. 70, *Larenz*, Rechtsgeltung, S. 14, *Schreiber*, Geltung, S. 64.

[17] Sperrdruck im Original.

[18] Max *Weber*, Aufsätze, S. 478.

[19] Diese Feststellung beruht auf der Lehre des Neukantianismus, daß logisch aus einem „Sein" kein „Sollen" hergeleitet werden könne.

[20] *Kelsen*, Rechtslehre, S. 10; vgl. auch Rechtslehre, S. 215 ff.

sche Erkenntnisse wären unsere Überlegungen also von vorneherein zur Unfruchtbarkeit verurteilt.

1. *Die Zwangstheorie*

Den Ausgangspunkt der gesellschaftswissenschaftlichen Betrachtungsweise bildet die Tatsache, daß die Menschen als gesellschaftliche Wesen in gegenseitiger Abhängigkeit[21] und dadurch zugleich unter dem Zwang leben, irgendwie miteinander auskommen zu müssen. Der einzelne stellt daher das Verhalten seiner Mitmenschen bei seinen eigenen Handlungen in Rechnung, wie umgekehrt diese ihr eigenes Handeln auf das Verhalten des einzelnen abstimmen. In dieser gegenseitigen Bezogenheit des Handelns, dieser „Koordination des Gebarens"[22], manifestiert sich die faktische Ordnung eines Gesellschaftsintegrates[23]. Während nun die jeweilige Ordnung archaischer Gesellschaftsintegrate durchweg aus einer Einheit eingeübter Verhaltensregeln bestanden haben dürfte[24], haben sich in dynamischen Gesellschaften verschiedene Ordnungsarten, wie bspw. Brauch, Sitte und Moral, aber auch das Recht herausdifferenziert[25]. Anfänglich vielleicht noch selbst eine traditionale Ordnungsart wie zumindest Brauch und Sitte[26], hat es allmählich seinen traditionalen Charakter verloren und instrumentalen Charakter angenommen[27]. Während also Brauch und Sitte ihrer Struktur nach retrospektiv sind: „Wie gestern und immer gehandelt wurde, so ist auch heute zu handeln", ist das Recht seiner Struktur nach weithin prospektiv geworden: „Morgen und künftig ist so zu handeln, wie es heute bestimmt wird[28]." Mit diesem veränderten Verhältnis zur Zeit[29] und der daraus

---

[21] In der Soziologie wird dieser Sachverhalt als „soziale Interdependenz" bezeichnet. Vgl. etwa *Geiger*, Vorstudien, S. 48 und *Hirsch*, in: Recht, S. 26.

[22] So *Geiger*, Vorstudien, S. 48.

[23] Die Ordnung ist keineswegs ein logisches Prius gegenüber dem Bestand der Gruppe, vielmehr bedingen die beiden einander gegenseitig: „Die Ausbildung eines Ordnungsgefüges setzt ja gesellige Lebensform ebenso voraus, wie geselliges Leben zu seinem Bestand einer Ordnung bedarf." *Geiger*, Vorstudien, S. 48; ähnlich auch *Draht*, Grenzen, S. 27/28.

[24] Vgl. etwa *Geiger*, Vorstudien, S. 121; *Draht*, Grenzen, S. 29.

[25] Zur Genesis der sozialen Ordnung und dem Recht als Sonderart sozialer Ordnung vgl. insbes. *Geiger*, Vorstudien, S. 92 ff., aber auch Max *Weber*, Wirtschaft, 2. Hbbd., 397 ff.

[26] Die Moral ist demgegenüber ambivalent, weil sie sowohl bestehende Traditionen stützen als auch stürzen kann.

[27] Vgl. *Drath*, Grenzen, S. 31; *Krawietz*, Funktion, S. 17 und ausführlicher S. 64 ff.

[28] *Geiger*, Vorstudien, S. 120; *Hirsch* bringt in: Recht, S. 33 ff. den gleichen Gedanken zum Ausdruck, wenn er zu dem Ergebnis kommt, rechtliche Regeln könnten auf deduktivem oder induktivem Wege gewonnen werden (insbesondere S. 35).

[29] Das auch von *König* in: Rechtssoziologie, S. 46 f. herausgestellt wird.

resultierenden gesteigerten Rationalität des rechtlichen Normensystems[30] hängt es zusammen, „daß nicht mehr wie bei der Sitte die Gesamtgruppe diffus über die Einhaltung der Normen wacht, sondern ein spezialisierter Menschenstab, der zugleich staatliche Gewaltmittel als Sanktionen bei Übertretung der Rechtsnormen androht. Rechtssatzung und Rechtsverwirklichung werden geradezu zu einem staatlichen Monopol“[31]. Dementsprechend liegt es nahe, Recht mit Max Weber als den Teil des normativen Ordnungssystems innerhalb eines Gesellschaftsintegrates zu definieren, der „äußerlich garantiert ist durch die Chance physischen oder psychischen *Zwanges*[32] durch ein auf Erzwingung der Innehaltung oder Ahndung der Verletzung gerichtetes Handeln eines *eigens*[32] darauf eingerichteten *Stabes*[32] von Menschen“[33]. Das Recht wäre dann als „eine ‚Ordnung'“ mit gewissen spezifischen Garantien für die Chance ihrer empirischen Geltung“[34] zu bezeichnen.

Diese Definition ist um ihrer soziologischen Perspektive willen ausschließlich auf das empirisch geltende, also das „faktische Recht“ bezogen. Wenn Max Weber dabei auch dasjenige Recht mit einbezieht, für das lediglich die Chance seiner empirischen Geltung besteht, so will er auf diesem Wege nicht etwa doch nur unwirksames, nur bei juristischer Betrachtung geltendes Recht der soziologischen Definition zugänglich machen. Vielmehr will er damit nur der Tatsache Rechnung tragen, daß nicht jedes normwidrige Verhalten die Ausübung des Zwanges durch den „Zwangsapparat“[35] zur Folge hat und auch nicht haben kann, sondern daß es genügt, wenn das bloße Inaussichtstehen des Tätigwerdens des Zwangsapparates geeignet ist, den aus dem Rechtssatz zu entnehmenden Anordnungen Nachachtung zu verschaffen[36].

Trotz ihres ganz andersgearteten Geltungsbegriffs berührt sich diese soziologische Definition des Rechts[37] mit derjenigen des Normativisten *Kelsen*. Auch für ihn ist nämlich das entscheidende Kriterium das

---

[30] Man denke an das immer stärker werdende Planungselement im Recht.

[31] *König*, in: Rechtssoziologie, S. 46; siehe dort auch noch die weiteren Differenzierungen, auf die hier aber nicht eingegangen zu werden braucht.

[32] Sperrdruck im Original.

[33] Max *Weber*, Wirtschaft, 1. Hbbd., S. 17; ähnlich definieren auch noch *Dahrendorf*, in: Jahrbuch, S. 129; *Geiger*, Vorstudien, S. 168 u. 339; *Heller*, Staatslehre, S. 186; *Hirsch*, in: Recht, S. 251; *Krawietz*, Funktion, S. 45/46.

[34] Max *Weber*, Wirtschaft, 1. Hbbd., S. 182.

[35] Ein Begriff Max *Webers*, Wirtschaft, 1. Hbbd., S. 185, der den in der Definition des Rechts erwähnten besonderen Stab von Menschen meint, der auf die Erzwingung der Innehaltung oder Ahndung der Verletzung des Rechts eingestellt ist. Zu seiner Charakteristik vgl. M. *Weber*, ebd. und Wirtschaft, 1. Hbbd., S. 18.

[36] Max *Weber*, Wirtschaft, 1. Hbbd., S. 183; ähnlich für die faktische Geltung auch *Schreiber*, Geltung, S. 58/59.

[37] Sie ist keineswegs die allein denkbare innerhalb der Soziologie, vgl. dazu *Frey*, Rechtsbegriff.

Zwangsmoment im Recht, „das ist der Umstand, daß der von der Ordnung als Folge eines für gesellschaftsschädlich angesehenen Sachverhalts statuierte Akt auch gegen den Willen des davon betroffenen Menschen und — im Falle des Widerstandes — mit Anwendung physischer Gewalt zu vollstrecken ist“[38]. Für Kelsen wird „nur durch die Aufnahme des Zwangsmomentes in den Begriff des Rechtes dieses von jeder anderen Gesellschaftsordnung deutlich geschieden“[39].

2. *Kritik der Zwangstheorie*

So überzeugend dem oberflächlichen Betrachter[40] die Versöhnung zwischen dem Soziologen und dem Normativisten in ihrer Definition des Rechts scheinen mag, so fragwürdig wird diese These vom spezifischen Zwangscharakter des Rechts, wenn man sie auf ihre Konsequenzen hin überprüft.

So findet die Zwangstheorie keine überzeugende Erklärung für die Tatsache, „daß die historisch gegebenen Rechtsordnungen tatsächlich Normen enthalten, ... die ein Verhalten gebieten, zu einem Verhalten verpflichten, ohne an das gegenteilige Verhalten als Bedingung einen Zwangsakt als Folge zu knüpfen“[41], wie bspw. die Normen des Verfassungsrechts zeigen, die den Gesetzgebungsorganen die Einhaltung eines bestimmten Verfahrens vorschreiben. Die Anhänger der Zwangstheorie müßten folgerichtig auf ein den Gesetzgebungsorganen übergeordnetes Staatsorgan verweisen, das seinerseits durch eine zwangsbewehrte Norm die Gesetzgebungsorgane zur Einhaltung der einschlägigen Verfassungsnorm verpflichten könnte. Auch dieses Staatsorgan könnte dann aber nur insoweit „verpflichtet“ sein, als es dem Zwangsakt eines noch höheren Staatsorganes unterliegt usw. Dem aus dieser Logik entstehenden regressus in infinitum glaubt Kelsen dadurch zu entgehen, daß er den Begriff der Rechtspflicht von dem Begriff des „Sollens“ ablöst und letzterem entgegen dem Sprachgebrauch auch die Bedeutung des „Ermächtigens“ und „positiv Erlaubens“ gibt[42]. Erscheint dieses Verfahren, den Rechtscharakter der Verfassungsnormen nachzuweisen, schon recht fragwürdig, so wird in diesen Überlegungen auch die rechtliche Stellung der obersten Verfassungsorgane nicht zutreffend wiedergegeben: „Sie sind durch verfassungsrechtliche Vorschriften, für

---

38 *Kelsen*, Rechtslehre, S. 36.

39 ebd., S. 55; vgl. außerdem *Kelsen*, Hauptprobleme, S. 212 ff.

40 Da die Definition des Rechts nicht ohne den Geltungsbegriff möglich ist, der von beiden als dem Recht zugehörig gesehen wird, ergeben sich doch erhebliche Unterschiede.

41 *Kelsen*, Rechtslehre, S. 52.

42 *Kelsen*, Rechtslehre, S. 4 f. und S. 124, Anm. **.

die eine Sanktion fehlt, nicht *ermächtigt*[43], ob sie so oder nicht so verfahren wollen, sondern *verpflichtet*[43], gerade in einer *bestimmten*[43] Weise tätig zu werden[44]."

Die weitere Argumentation, die beispielhaft erwähnten Verfassungsnormen seien „unselbständige Normen, die nur eine der Bedingungen bestimmen, unter denen die von anderen Normen statuierten Zwangsakte anzuordnen und zu vollstrecken sind"[45], überzeugt ebensowenig. Im Grunde läuft sie auf einen Verlust der begrifflichen Schärfe des Rechtsbegriffes hinaus, wie besonders deutlich Max *Webers* parallele Gedankengänge zeigen. Auch er will überall dort noch von Recht — „indirekt garantiertem" oder „ungarantiertem" Recht — sprechen, „wo die Bedeutung der Geltung einer Norm darin besteht: daß die Art der Orientierung des Handelns an ihr überhaupt irgendwelche „Rechtsfolgen" hat. Das heißt: wo irgendwelche anderen Normen gelten, welche an die „Befolgung" oder „Verletzung" jener ersten bestimmte, ihrerseits durch Rechtszwang garantierte Chancen eines Einverständnishandelns knüpfen"[46]. Die Geltung bzw. die Wirksamkeit einer Rechtsregel wird also nicht mehr nur durch den unmittelbar mit ihr verknüpften Zwang garantiert, sondern nur über andere Rechtssätze, die ihrerseits durch Zwang garantiert sind. Die Zwangsgarantie tritt in ihrer Bedeutung für die Geltung eines Rechtssatzes zurück zugunsten des Zwangsapparates, der in diesen Fällen darüber wacht, daß die Rechtsfolgen der Mißachtung des ungarantierten Rechts ihrerseits beachtet werden[47]. Dieser ist aber ebenfalls nicht exakt definiert, sondern kann „im Grenzfall in der einverständnismäßig geltenden Chance der Zwangshilfe *jedes*[48] an einer Vergemeinschaftung Beteiligten im Fall der Bedrohung einer geltenden Ordnung bestehen"[49]. So läßt die Zwangstheorie im Ergebnis die Grenze zwischen den Verhaltensregeln des Rechts und denen von Brauch und Sitte verschwimmen[50]. Sowohl bei soziologischer als auch bei juristischer Betrachtungsweise scheidet sie daher für eine Begriffsbestimmung des Rechts aus.

Bei *Kelsen* ergibt sich neben diesem logischen infolge seines Geltungsbegriffs auch noch ein inhaltliches Problem. Für eine voraussetzungslose

---

43 Hervorhebung im Original.

44 *Welzel*, Rechtsgeltung, S. 14.

45 *Kelsen*, Rechtslehre, S. 52; zum Charakter der „unselbständigen Normen" im einzelnen, vgl. S. 55 ff., a.a.O.

46 M. *Weber*, Wirtschaft, 1. Hbbd., S. 182; ähnlich auch noch *Geiger*, Vorstudien, S. 220 ff.

47 Zum Beispiel, daß ein verfassungswidrig ohne Gegenzeichnung des Bundespräsidenten erlassenes Gesetz nicht als rechtsgültig anerkannt wird.

48 Sperrdruck im Original.

49 Max *Weber*, Wirtschaft, 1. Hbbd., S. 185.

50 „Ein Gebiet, in welches die Rechtsordnung in lückenloser Stufenleiter übergeht", ist für M. *Weber* „dasjenige der Konvention und weiterhin ... der Sitte" (Wirtschaft, 1. Hbbd., S. 187).

Betrachtung hat nämlich nicht nur der rechtsetzende Akt, sondern auch „der Akt eines Straßenräubers, der jemandem unter Androhung irgendwelcher Übel befiehlt, ihm sein Geld auszuliefern, den subjektiven Sinn eines Sollens“[51]. Der damit verknüpften Gefahr, das Recht schon auf der Ebene der Positivität nicht mehr vom bloßen Macht- oder Zwangsakt unterscheiden zu können, glaubt Kelsen mit dem Argument begegnen zu können, daß von den beiden Akten nur der eine objektiv eine gültige, das heißt verbindliche Norm erzeuge, weil er allein auf einer bestimmten „Grundnorm“[52] als dem letzten Geltungsgrund der staatlichen Rechtsordnung beruhe[53]. Diese Grundnorm, aus der sich das Normensystem einer Rechtsordnung ableitet, ist nun aber nicht inhaltlich bestimmt, sondern „beschränkt sich darauf, eine normsetzende Autorität zu delegieren, das heißt, eine Regel aufzustellen, nach der die Normen dieses Systems zu erzeugen sind“[54]. Eine Rechtsnorm erlangt für Kelsen infolgedessen nicht darum Rechtsgeltung, weil sie einen bestimmten Inhalt hat, sondern darum und nur darum, weil sie in einer bestimmten Weise erzeugt ist[55]. Jede beliebige Ordnung menschlichen Verhaltens, auch die eines despotisch regierten Staates, ist dann eine Rechtsordnung. „Ihr den Charakter des Rechts abzusprechen ist nur eine naturrechtliche Naivität oder Überhebung“[56]. So schlägt der Versuch Kelsens, die Rechtsgeltung streng normativ zu begründen, in sein Gegenteil um — die Legalität wird im Ergebnis mit der erfolgreichen Macht identifiziert. Das normative Denken ist zu Ende.

Dank seiner soziologischen Perspektive vermeidet Max *Weber* dieses folgenschwere Ergebnis. Er fragt nicht nach der Geltung, sondern nach der Wirksamkeit des Rechts. Diese beruht für ihn nicht darauf, daß die am Gemeinschaftshandeln beteiligten Menschen ihr Handeln nur

---

[51] Beispiel bei *Kelsen*, Rechtslehre, S. 46.

[52] Für Kelsen folgt aus seinem Geltungsbegriff, daß der Geltungsgrund einer Norm nur die Geltung einer anderen Norm sein kann (Rechtslehre, S. 196). Da aber „die Suche nach dem Geltungsgrund einer Norm nicht ... ins Endlose gehen“, kann, muß sie „bei einer Norm enden, die als letzte, höchste vorausgesetzt wird ... Eine solche als höchste vorausgesetzte Norm wird hier als Grundnorm bezeichnet“ (Rechtslehre, S. 197). Kelsen unterscheidet zwei Arten von Grundnormen: die eine „aus deren Inhalt andere Normen als das Besondere aus dem Allgemeinen sowohl ihrem Geltungsgrund, als auch ihrem Geltungsinhalt nach abgeleitet werden (sie führt zu einem statischen Normensystem, Rechtslehre, S. 198) und die andere, die „nichts anderes beinhaltet als die Einsetzung eines normerzeugenden Tatbestandes, die Ermächtigung einer normsetzenden Autorität“ (Rechtslehre, S. 199). „Eine Norm gehört zu einer auf einer solchen Grundnorm beruhenden Ordnung, weil sie auf die durch die Grundnorm bestimmte Weise erzeugt ist — und nicht, weil sie einen bestimmten Inhalt hat.“ (Rechtslehre, S. 199) (Dynamischer Typus eines Normensystems).

[53] Vgl. *Kelsen*, Rechtslehre, S. 46/47.

[54] ebd., S. 199.

[55] ebd., S. 200/201.

[56] Staatslehre, S. 335.

deshalb an den Rechtsregeln orientieren, weil diese zwangsbewehrt sind. Vielmehr wirkt „schon die bloße Eingeübtheit der gewohnten Art des Handelns und die Eingestelltheit auf die Erhaltung dieser Gewöhnung, erst recht aber die Tradition, im ganzen stärker auf den Fortbestand auch einer durch Satzung entstandenen, eingelebten Rechtsordnung als die Reflexion auf die zu gewärtigenden Zwangsmittel und andere Folgen, zumal diese mindestens einem Teil der nach der „Norm" Handelnden gar nicht bekannt zu sein pflegen"[57]. Die Furcht vor dem angedrohten Zwang ist daher nur eines von vielen Motiven zur Orientierung des Verhaltens an den Anordnungen von Rechtssätzen — und nicht einmal das Gewichtigste. Denn „in ihrer Mehrzahl haben sie — je nachdem — mehr utilitarischen oder mehr ethischen oder subjektiv konventionellen, die Mißbilligung der Umwelt scheuenden Charakter"[58]. Nach der Auffassung Max Webers erfüllt das Recht seine Funktion als Regulierungsinstrument des Soziallebens also nicht im Ausnahmefall eines Rechtsbruches, sondern primär durch seine Wirksamkeit.

3. *Die Anerkennungstheorie*

Insoweit decken sich seine Überlegungen mit denen der sog. Anerkennungstheorie, wie sie in der Soziologie vor allem von Eugen *Ehrlich* entwickelt worden ist[59]. Auch für ihn lehrt schon der Augenschein, „daß jeder Mensch in unzähligen Rechtsverhältnissen steht, und daß er mit sehr wenigen Ausnahmen ganz freiwillig das tut, was ihm in diesen Verhältnissen obliegt"[60]. „Das Leben spielt sich nicht vor den Gerichten ab[61]." Ehrlich widerspricht dem Einwand, die Menschen kämen eben nur deshalb „freiwillig" ihren Pflichten nach, weil sie wüßten, daß sie andernfalls durch die Gerichte dazu gezwungen werden könnten. Soweit die Menschen nicht einfach triebartig handelten, was allerdings die Regel sei, gäben nämlich „ganz andere Beweggründe den Ausschlag: sie (die Menschen) könnten sonst mit den Angehörigen zerfallen, ihren Posten verlieren, die Kundschaft einbüßen, in den Ruf eines zanksüchtigen, unehrlichen, leichtfertigen Menschen kommen"[62]. Daß der psychologische Zwang durch angedrohte Strafe und angedrohte Zwangsvollstreckung als Wesensmerkmal des Rechts betrachtet worden ist, sei

[57] M.*Weber*, Wirtschaft, 1. Hbbd., S. 192; ähnlich auch *Geiger*, Vorstudien, S. 215.

[58] Wirtschaft, 1. Hbbd., S. 183; ähnlich auch *Ehrlich*, Grundlegung, S. 15/16; auch *Kelsen*, Rechtslehre, S. 36, hat das gesehen, doch ist es für seinen Geltungsbegriff irrelevant. Vgl. Hauptprobleme, S. 219 f.

[59] *Ehrlich*, Grundlegung, zum folgenden vgl. vor allem die Seiten 1 ff. und 110 ff.

[60] *Ehrlich*, Grundlegung, S. 15.

[61] ebd.

[62] ebd., S. 16.

plausibel, weil man als Recht unzulässigerweise immer nur die vom Richter anzuwendende Regel ins Auge gefaßt habe[63]. Für ihn, „der im Recht vor allem eine Regel des Handelns erblickt, tritt sowohl der Strafzwang als auch der Vollstreckungszwang notwendig zurück“[64]. Infolgedessen rückt die Rechtsnorm allerdings stark in die Nähe anderer gesellschaftlicher Normen und läßt sich trotz ihres unbestreitbaren Gegensatzes zu den außerrechtlichen Normen von diesen nur noch schwer unterscheiden. In der Praxis besteht diese Schwierigkeit nach Ehrlichs Meinung jedoch nur selten, weil „im allgemeinen jeder ohne Zögern sofort von einer Norm zu sagen imstande sein wird, ob sie eine Rechtsnorm ist oder dem Gebiete der Religion, der Sitte, der Sittlichkeit ... angehört“[65]. Der Gegensatz von Rechtsnorm und außerrechtlicher Norm ist deshalb „nicht eine Frage der Gesellschaftswissenschaft, sondern der gesellschaftlichen Psychologie“[66], und die Rechtsnorm muß man dementsprechend nach dem ihr eigentümlichen Gefühl erkennen, „für das schon die gemeinrechtlichen Juristen den so bezeichnenden Namen opinio necessitatis gefunden haben“[67]. Mit allen anderen Normen als Regeln des Handelns hat die Rechtsnorm, sofern selbst eine allgemeine Regel des Handelns[68], gemeinsam, daß sie „in dem Sinne anerkannt sein muß, daß sich die Menschen tatsächlich nach ihr richten“[69]. Man dürfe diese Lehre von der Notwendigkeit der Anerkennung einer Norm jedoch nicht „so auffassen, als ob es sich um die Anerkennung durch jeden einzelnen handeln würde“[70]. Denn „die Normen wirken durch die gesellschaftliche Kraft, die die Anerkennung von seiten eines gesellschaftlichen Verbandes ihnen verleiht, nicht durch die Anerkennung jedes einzelnen Teilnehmers des Verbandes“[71].

Ehrlich formuliert damit aus der Sicht des Soziologen, was in der Rechtswissenschaft erstmals von Hold *von Ferneck* mit dem Satz ausgedrückt wurde, daß es für die Geltung der Rechtsnormen „als generelle Macht lediglich der Anerkennung seitens der weitaus überwiegenden

---

[63] ebd., S. 15.

[64] ebd.

[65] *Ehrlich*, Grundlegung, S. 132.

[66] ebd.

[67] ebd.

[68] Nicht alle Rechtsnormen sind für Ehrlich zugleich Verhaltensnormen, sondern nur solche, an denen die Gesellschaftsmitglieder ihr Handeln tatsächlich orientieren; ihnen stellt er die Entscheidungsnormen gegenüber, das sind diejenigen Normen, die für ein Gericht oder eine Behörde als Entscheidungsmaßstab gelten (vgl. dazu S. 97 ff.). Sie müssen nicht einmal immer eine Rechtsnorm sein: „Insoweit die Entscheidungsnorm eine Rechtsnorm ist, erscheint sie daher als Rechtsnorm besonderer Art, verschieden von den Rechtsnormen, die allgemeine Regeln des Handelns enthalten“ (S. 98).

[69] *Ehrlich*, Grundlegung, S. 134.

[70] ebd.

[71] ebd.

Zahl der Gebundenen“[72] bedürfe, und dann als *generelle Anerkennungstheorie* seinen Siegeszug angetreten hat[73]. Als *Recht* wäre danach derjenige Komplex von Normen innerhalb eines Gesellschaftsintegrates zu definieren, der zumindest von der weit überwiegenden Zahl der Normadressaten als Recht anerkannt wird. Auch dieser Definition bedienen sich Soziologen und Rechtswissenschaftler in schöner Eintracht, obwohl doch Soziologie und Rechtswissenschaft für sich in Anspruch nehmen, nicht nur von ihrer Methodik, sondern auch von ihrem Gegenstand her unterschiedene Wissenschaften zu sein. Skepsis gegenüber dieser Theorie, die eine für beide Disziplinen gleichermaßen brauchbare Definition des Rechts entwickelt, ist daher angebracht.

4. Kritik der Anerkennungstheorie und Bildung von Rechtsbegriffen

Die Anerkennungstheorie vermeidet zwar die Unzulänglichkeiten und logischen Mängel der Zwangstheorie, doch hat auch sie — wie bereits erwähnt — Nachteile für die soziologische Forschung: eindeutige Abgrenzungskriterien gegenüber außerrechtlichen Normen fehlen. Darüberhinaus vermag die Anerkennungstheorie nicht zu erklären, warum die Gerichte ihren Entscheidungen auch solche Normen zugrunde legen, die seit ihrem Erlaß durch den Normgeber und eventuell über Jahre hinweg weder den Normadressaten bekannt geworden noch jemals angewendet worden sind. Wenn die Gerichte diese Normen dennoch als geltendes Recht behandeln, so liegt der Grund dafür jedenfalls nicht in ihrer Anerkennung durch die überwiegende Zahl der Normadressaten. Vielmehr ist er im modernen Gesetzgebungsstaat in dem allgemeinen Konsens zu finden, der über die Grundsätze des Rechtsetzungs*verfahrens* besteht. Danach genügt es in der Regel für die Geltung einer Norm als Rechtsnorm, daß sie in einem vorgeschriebenen Verfahren von derjenigen Entscheidungsinstanz als gesollt angeordnet wird, die man innerhalb des Gesellschaftsintegrates als zur Rechtsetzung legitimiert ansieht. Hat diese erst einmal die allgemeine Anerkennung gefunden, dann haben die von ihr gesetzten Normen eben auch die Vermutung ihres Rechtscharakters für sich[74]. Für die Einordnung dieser Art von Normen als Rechtsnormen kommt es infolgedessen nicht mehr so sehr auf die unmittelbare Anerkennung ihres Rechtscharakters durch die große Mehrheit der Normadressaten an als vielmehr auf ihre An-

---

[72] Hold *von Ferneck*, Rechtswidrigkeit, Bd. I, S. 188; ähnlich auch S. 97.

[73] Vgl. die bei *Welzel*, Rechtsgeltung, S. 12, Fußn. 28, angegebene Literatur.

[74] Vgl. *Welzel*, Rechtsgeltung, S. 16/17, der allerdings annimmt, die Rechtsetzungsinstanz habe auch die Vermutung der Verpflichtungskraft für sich. Das widerspricht aber schon seinen eigenen Ausführungen zum Problem der Verpflichtungskraft, a.a.O., S. 21 ff., insbesondere S. 27 - 29.

ordnung durch einen als Rechtsetzungsinstanz anerkannten Normgeber[75].

a) Formelles und faktisches Recht

Diesen Normen, die wir mit Rücksicht auf die Voraussetzung ihres Rechtscharakters, nämlich ihr Zustandekommen in einem vorgeschriebenen Verfahren, als „formelles Recht“ bezeichnen wollen[76], galt vorzugsweise das rechtswissenschaftliche Interesse der letzten Jahrzehnte. Erscheinungen wie das Gewohnheitsrecht spielten demgegenüber eine untergeordnete Rolle, so daß die Rechtswissenschaft ebenso wie die Soziologie etwas zum Gegenstand ihrer Forschung machte, was sie bei konsequenter Anwendung der von ihr für gut geheißenen Anerkennungstheorie definitorisch überhaupt nur unzulänglich erfassen konnte.

Schließlich ist der Nutzen der Anerkennungstheorie für die Rechtswissenschaft auch noch dadurch begrenzt, daß sie ebenso wie die Zwangstheorie allenfalls die Gründe für die *Faktizität* einer Rechtsordnung aufzeigt, die Gründe für ihre Normativität aber offen läßt. Deshalb soll das durch die Anerkennungstheorie definierte Recht hier als „faktisches Recht“ bezeichnet und neben das „formelle Recht“ gestellt werden. Denn wenn auch das „formelle Recht“ häufig mit dem „faktischen Recht“ identisch sein wird, so deckt jener Begriff doch nicht alle Fälle des „faktischen Rechts“ ab, wie sich beispielhaft am Gewohnheitsrecht zeigt[77]. Zugleich wird mit der Gegenüberstellung dieser beiden Rechtsbegriffe der Versuch aufgegeben, eine Theorie mit dem Ziel eines einheitlichen Rechtsbegriffs zu entwickeln. Dieser Versuch erscheint mit Rücksicht auf die Komplexität des Phänomens „Recht“ aussichtslos. Stattdessen sollen die verschiedenen Aspekte des Rechts begrifflich festgelegt werden, um sie dann auf ihre Relevanz für unser Problem, das Verhältnis des Staatsnotrechts zur Macht des Normgebers, überprüfen zu können.

b) Ideelles Recht

Dem Begriff des positiven Rechts kommt in unserem Zusammenhang nur insofern Bedeutung zu, als er, faktisches und formelles Recht umfassend, den Gegenbegriff zum Naturrecht bildet und dadurch den unbedingten Verpflichtungscharakter des Rechts in unser Blickfeld rückt.

---

[75] Vgl. dazu auch *Welzel*, Rechtsgeltung, S. 20.

[76] *Schreiber*, Geltung, S. 64 f. wählt hier den Begriff der „verfassungsmäßigen Geltung“, der aber keine hinreichend sichere Unterscheidung von der „faktischen Geltung“ (hier dem „faktischen Recht“ — vgl. sogleich) gewährleistet, da das faktisch geltende Recht in aller Regel auch verfassungsmäßig geltendes Recht ist.

[77] Es entsteht ja definitionsgemäß außerhalb des für den Normgeber vorgeschriebenen Verfahrens und ist auch außerhalb des formellen Rechts wirksam.

Denn den Kern aller Naturrechtstheorien bildet die Überzeugung, „daß es in den menschlichen Sozialverhältnissen nicht bloß etwas gibt, das durch seine überlegene Macht zwingt, oder von uns infolge einer eingewurzelten Gewohnheit tatsächlich geübt wird“, sondern auch etwas, das uns über die bloße Realität hinaus „in unserem innersten Sein zu bestimmtem Handeln *verpflichtet*“[78]. Zwar haben die Naturrechtstheorien über den Inhalt dieses Verpflichtet-Seins keine allgemein verbindlichen Angaben machen können, doch haben alle Normadressaten seit jeher für sich in Anspruch genommen, das positive Recht am Maßstab des von ihnen individuell erfahrenen unbedingten Sollens inhaltlich zu messen und gegebenenfalls zu verwerfen. Dem positiven Recht wurde und wird also ein Maßstab übergeordnet, den wir mit Rücksicht darauf, daß er einerseits der Ideenwelt der Individuen verhaftet und andererseits auf das positive Recht bezogen ist, „ideelles Recht“ nennen[79]. Ein etwaiger Stellenwert des ideellen Rechts für unsere Thematik bleibt hier ebenso wie beim faktischen und formellen Recht dahingestellt. Denn an dieser Stelle gilt es nur, ein begriffliches Instrumentarium bereitzustellen, um mit dessen Hilfe der Beantwortung unserer Ausgangsfrage nach dem Verhältnis der Macht des Normgebers zu dem von ihm im Staatsnotstand gesetzten Recht etwas näher zu kommen.

2. Kap.: Das Verhältnis von Macht und Recht

I. Macht und formelles sowie faktisches Recht

Das Staatsnotrecht ist gemäß unserem Begriffsschema der Kategorie des formellen Rechts zuzuweisen. Denn es beinhaltet die von einem anerkannten Normgeber in einem bestimmten, mit Rücksicht auf die Notstandssituation wahrscheinlich sehr verkürzten, Verfahren getroffenen Anordnungen. Zugleich ist von der Faktizität des Staatsnotrechts auszugehen, weil anderenfalls unsere Frage, ob das Staatsnotrecht seine Wirksamkeit ausschließlich von der hinter ihm stehenden Macht oder auch von seinem Gerechtigkeitsgehalt ableitet, überflüssig wäre. Ebenso problemlos wie die Einordnung des Staatsnotrechts als formelles und faktisches Recht ist auch die Bestimmung seines Verhältnisses zur Macht. Denn wie bereits bei der Erörterung der Anerkennungstheorie dargelegt wurde, liegt die Wirksamkeit des formellen Rechts, das im vorliegenden Falle mit dem faktischen Recht identisch ist, zunächst in der Anerkennung des Normgebers als Rechtsetzungsinstanz begrün-

[78] *Welzel*, Naturrecht, S. 237.

[79] Ähnlich *Schreiber*, Geltung, S. 65 f.

det. Das haben die Autoren der Staatsnotrechtsdiskussion, die wie Folz und Zihlmann auf den Volkswillen als Geltungsgrund des Staatsnotrechts abgehoben haben[1], durchaus richtig gesehen. Würde man jedoch mit Folz diese Aussage als der Weisheit letzten Schluß betrachten müssen, dann wäre das Staatsnotrecht, und mit ihm letzten Endes alles Recht, nicht mehr als ein bloßes Instrument in den Händen der jeweils erfolgreichen Macht. Hobbes Satz „auctoritas non veritas facit legem“[2] bliebe unangefochten.

II. Macht und ideelles Recht

Dieses Ergebnis verkennt aber die Möglichkeit, das Staatsnotrecht auch dem ideellen Recht und damit der in ihm enthaltenen Gerechtigkeitsidee zuzuordnen, obwohl gerade in der wenn auch nur teilweisen Realisierung von ideellem Recht ein weiterer Geltungsgrund für das Staatnotrecht liegen könnte. Unser besonderes Interesse verdient deshalb der Gedanke Zihlmanns, wonach die eine konkrete Rechtsordnung legitimierenden Kräfte nicht allein in dem Willen des Volkes als dem Garanten staatlicher Autorität, sondern gleichermaßen in der Gerechtigkeitsidee selbst zu suchen sind[3]. Zihlmann begründet seine Überlegung allerdings nicht selber, sondern nimmt insoweit auf die Arbeiten von Hermann *Heller* Bezug[4]. Ihnen müssen wir uns daher als nächstes zuwenden, wenn wir Zihlmanns These auf ihre Richtigkeit hin überprüfen wollen.

1. *Hermann Heller*

„Recht“ nennt Heller nur die positiven Rechtssätze[5], also die jeweilige „durch Gemeinschaftsautorität gesetzte gesellschaftliche Ordnung, die das gegenseitig aufeinander bezogene, d. h. das gesellschaftliche Verhalten von Willensträgern normativ begrenzt“[6]. „Geltung, gesellschaftliche Existenz und Wirklichkeit“ besitzt dieses Recht „nur innerhalb einer raumzeitlich gegebenen Rechtsgemeinschaft“[7].

Anders die überpositiven Rechtsgrundsätze, die entweder „Konstitutionsprinzipien der reinen Rechtsform sind und als solche rechtslogische

---

[1] Vgl. oben Teil II, 2. Kap. I, 3 und 4.

[2] *Hobbes*, Leviathan, Chap. XXVI.

[3] Vgl. oben Teil II, 2. Kap. I, 4.

[4] *Zihlmann*, Legitimität, verweist auf S. 78 ausdrücklich auf Hellers Legitimitätslehre.

[5] *Heller*, Souveränität, S. 47; Staatslehre, S. 182.

[6] *Heller*, Souveränität, S. 46; im Ergebnis ebenso in der Staatslehre, S. 188: „Recht ist diejenige gesellschaftliche Normordnung, die von den Organen der staatlichen Organisation gesetzt und gesichert wird.“

[7] *Heller*, Souveränität, S. 47.

Geltung haben, oder aber Bauprinzipien des Rechtsinhalts mit sittlichem Geltungsanspruch"[8] sind. „Die ersteren sind allgemeingültig, bedürfen keiner willentlichen Bejahung und sind demnach in jedem positiven Recht wirksam. Die letzteren können ebenfalls allgemeingültig sein, nämlich dann, wenn sie von allen Kulturkreisen bejaht werden[9]." Das Kriterium für die Unterscheidung von Rechtssätzen und Rechtsgrundsätzen bildet für Heller deren unterschiedlicher Grad an Bestimmtheit und damit an „Rechtsgewißheit"[10]. Da nämlich Recht „Willensbindung" ist[11], fordert es „Entschiedenheit der Willensgrenzen"[12] in dem Sinne, daß aus den Rechtssätzen „eine Entscheidungsnorm für gegenseitiges menschliches Verhalten entnommen werden"[13] kann. „Für das positive Recht ist (daher) diese Eigenschaft hinreichender Individualisation ebenso charakteristisch, wie für jene Rechtsgrundsätze der Mangel dieser Eigenschaft[14]."

Auf Grund dieses Mangels sinken die Rechtsgrundsätze nun aber nicht zur Bedeutungslosigkeit herab, sondern bilden mit der durch die Bestimmtheit des Rechts vorausgesetzten Entscheidungseinheit die conditiones sine quibus non des positiven Rechts. Denn wenn auch die Bestimmtheit des Rechts eine Willensindividualität voraussetzt, „die ausspricht und durchsetzt, was in einer konkreten Lage rechtens sein soll"[15], so ist diese in ihren Willensentschließungen doch nicht vollkommen frei, sondern an die überpositiven Rechtsgrundsätze gebunden. Diese Bindung der jeweiligen Rechtsetzungsinstanz resultiert aus der für sie zwingenden Erfahrung, daß ein autoritäres Machtgebot zwar durch Furcht und Zwang *Gehorsam finden kann,* daß aber auch „der Zwang gegen die der Herrschaftsordnung nicht Zustimmenden zur Voraussetzung hat die innere Zustimmung der Zwingenden zu dieser Ordnung"[16], diesem Machtgebot. Damit also die Machtposition der Rechtsetzungsinstanz auf die Dauer Bestand hat, ist es „notwendig, daß wenigstens die entscheidenden Machtstützen die Überzeugung von der Legitimität (ihrer) Macht haben"[17]. Deren „Legitimitätsglaube" wird sich aber nach Heller eben nur dann einstellen, „wenn und soweit die Normadressaten daran glauben, daß bestimmte, den Staat und sein Recht transzendierende und sie eben damit fundierende ethisch ver-

---

[8] ebd., S. 48.

[9] ebd.

[10] ebd., S. 48/49.

[11] ebd., S. 47.

[12] ebd., S. 48.

[13] ebd., S. 49.

[14] ebd.; vgl. zum Ganzen auch Staatslehre, S. 222.

[15] *Heller,* Staatslehre, S. 222.

[16] ebd., S. 191.

[17] ebd.

pflichtende Rechtsgrundsätze es sind, welche der Rechtsetzer zu Rechtssätzen positiviert“[18].

Der Legitimitätsglaube ist es also, der die Macht der jeweiligen Rechtsetzungsinstanz an die Rechtsgrundsätze bindet und den Zihlmann bei seiner These vorausgesetzt hat, daß die „überkommenen Staatseinrichtungen, psychologisch betrachtet als Garanten der Gerechtigkeitsidee selbst“[19] stehen. Denn eine Staatseinrichtung hält sich nach der Theorie Hellers nur dann auf Dauer, wird also eine „überkommene“ im Sinne Zihlmanns, wenn sie solche Rechtssätze normiert, die in den „überpositiven Rechtsgrundsätzen“ (Heller), der „Gerechtigkeitsidee“ (Zihlmann) ihre Legitimation finden. Gerade im Staatsnotstand tritt dieser Sachverhalt nach Zihlmann direkt in den Vordergrund, weil in einem solchen Falle die positiv geregelten Grenzen der Machtausübung überschritten werden und der Legitimationsglaube dann die einzige noch verbleibende Grenze für die Machtausübung darstellt. Heller und Zihlmann weisen also dem Legitimitätsglauben eine zentrale Bedeutung sowohl für die Erhaltung der Macht als auch für deren Begrenzung durch das — ideelle — Recht und damit zugleich für dessen Verhältnis zur Macht zu.

2. *Max Weber*

Bestätigt wird ihre Auffassung durch die ausführlichen Untersuchungen Max *Webers* zur Herrschaftssoziologie[20]. Nach der von Weber entwickelten Typologie[21] kann nämlich einer Ordnung von den sozial Handelnden legitime Geltung zugeschrieben werden:

a) kraft *Tradition:* Geltung des immer Gewesenen;
b) kraft *affektuellen* (insbesondere: emotionalen) Glaubens: Geltung des neu Offenbarten oder des Vorbildlichen;
c) kraft *wertrationalen* Glaubens: Geltung des als absolut gültig Erschlossenen;
d) kraft positiver Satzung, an deren *Legalität* geglaubt wird. Diese Legalität kann als legitim gelten:
   aa) kraft Vereinbarung der Interessenten für diese;
   bb) kraft Oktroyierung auf Grund einer als legitim geltenden Herrschaft von Menschen über Menschen und Fügsamkeit[22].

---

[18] ebd.

[19] Vgl. oben Teil II, 2. Kap. I, 4.

[20] Vgl. *Weber*, Wirtschaft, 1. Hbbd., S. 122 ff. und 2. Hbbd., S. 541 ff.

[21] Die ihrerseits aus einer Typologie allen sozialen Handelns — zweckrational, wertrational, affektuell, traditional — hervorgegangen ist; vgl. Wirtschaft, 1. Hbbd., S. 12.

[22] *Weber*, Wirtschaft, 1. Hbbd., S. 19; ähnlich auch heute *Hirsch*, in: Recht, S. 250.

Die heute[23] geläufigste Legitimationsform ist nach Max Weber der Legalitätsglaube, den er als „die Fügsamkeit gegenüber *formal* korrekt und in der üblichen Form zustandegekommenen Satzungen“[24] bezeichnet. Damit rechtfertigt Weber aber nicht jene positivistischen Legalitätsvorstellungen, die im Dritten Reich zum Spielball tatsächlicher Machtverhältnisse wurden. Jene klaglose Fügsamkeit gegenüber einer formellen Legalität stellt sich nämlich nur dann ein, wenn der „Glaube an eine in irgendeinem Sinn legitime *Herrschaftsgewalt* des oder der Oktroyierenden“ gegeben ist[25]. Kommt es also nicht mehr auf den Glauben an die Legitimität, sondern nur noch an die Legalität des gesetzten Rechts an, so doch auf den Glauben an die Legitimität der von den Rechtsetzern ausgeübten Herrschaftsgewalt[26]. Notwendige Folge dieser „Verschiebung“ in der Bedeutung des Legitimitätsglaubens scheint die Degradierung des Rechts zu einem bloßen Instrument des jeweiligen Machthabers zur Stabilisierung seiner Macht zu sein.

Dem begegnet Heller bekanntlich mit dem Hinweis, der Legitimitätsglaube gegenüber der jeweiligen Herrschaftsinstanz werde sich nur einstellen, wenn die von ihr gesetzten Rechtsnormen an dem von den Normaddressaten als absolut gültig anerkannten ideellen Recht legitimiert seien, während Max Weber die verschiedensten Motive der Fügsamkeit gegenüber der Macht des Normgebers auffächert: „von dumpfer Gewöhnung angefangen bis zu rein zweckrationalen Erwägungen“[27]. Zu jedem echten Herrschaftsverhältnis gehört aber auch für ihn immer „ein bestimmtes Minimum an Gehorchen *wollen*[28], also: *Interesse*[28] am Gehorchen“[29]. Keine Herrschaft begnügt sich deshalb „mit den nur materiellen oder nur affektuellen oder nur wertrationalen Motiven als Chancen ihres Fortbestandes“, sondern jede sucht „den Glauben an ihre ‚Legitimität‘ zu erwecken und zu pflegen“[30], um jenes Minimum an innerer Zustimmung der Gewaltunterworfenen zu gewinnen, ohne das auch die bestorganisierte Herrschaft auf die Dauer nicht bestehen kann. “Le plus fort n’est jamais assez fort pour être toujours le maître s’il ne transforme sa force en droit et l’obeissance en dévoir[31].”

---

[23] Damit ist die Zeit Max Webers gemeint, doch gilt die Aussage auch für das Heute.

[24] *Weber*, Wirtschaft, 1. Hbbd., S. 19.

[25] ebd., S. 20.

[26] Da der von Weber verwandte Begriff der Herrschaft für ihn die Bedeutung von autoritärer Befehlsgewalt hat (vgl. Wirtschaft, 2. Hbbd., S. 542 ff., 544), kann er mit dem bisher in dieser Arbeit verwandten Begriff der Macht (des Normgebers) gleichgesetzt werden.

[27] *Weber*, Wirtschaft, 1. Hbbd., S. 122.

[28] Hervorhebung im Original.

[29] ebd.

[30] ebd.; zum Bedürfnis nach einer Rechtfertigung faktischer Macht und der Bedeutung des Legitimitätsglaubens in diesem Zusammenhang, vgl. *Hirsch*, in: Recht, S. 247 ff. und auch *Smend*, in: Abhandlungen, S. 150.

[31] Jean Jacques *Rousseau*, Contrat social, livre I, chap. III.

Der Legitimitätsglaube beruht nun aber nach Max Weber nicht nur auf der Überzeugung der Beherrschten, die jeweilige Herrschaftsinstanz werde nur die ethisch verpflichtenden Rechtsgrundsätze zu Rechtssätzen positivieren, sondern die Legitimitätsgeltung der Herrschaft kann sein:

1. *rationalen* Charakters: auf dem Glauben an die Legalität gesetzter Ordnungen und des Anweisungsrechts der durch sie zur Ausübung der Herrschaft Berufenen ruhen (legale Herrschaft), — oder
2. *traditionalen* Charakters: auf dem Alltagsglauben an die Heiligkeit von jeher geltender Traditionen und die Legitimität der durch sie zur Autorität Berufenen ruhen (traditionale Herrschaft), — oder endlich
3. *charismatischen* Charakters: auf der außeralltäglichen Hingabe an die Heiligkeit oder die Heldenkraft oder die Vorbildlichkeit einer Person und der durch sie offenbarten oder geschaffenen Ordnungen (charismatische Herrschaft)[32].

Für Hermann Heller ebenso wie für unsere Zeit ist allerdings allein die Legitimitätsgeltung rationalen Charakters von Interesse. Bei diesem Legitimitätstypus scheint Webers Gedankenführung allerdings insofern in einem Zirkelschluß zu münden, als die Legitimität der Herrschaft auf dem Glauben an die Legalität gesatzter Ordnungen ruhen, sich andererseits der Legalitätsglaube aber nur bei einem Glauben an die Legitimität der Herrschaft einstellen soll. Diese Zirkelhaftigkeit besteht jedoch nur solange wie man die von der juristischen Bedeutung abweichende Verwendung des Begriffs „Legalität" bei Max Weber unberücksichtigt läßt. Nach seiner Auffassung können nämlich die Regeln, nach denen sich legale Herrschaft zu vollziehen hat, sowohl *zweckrational*[33], d. h. an einer rationalen Abwägung von erstrebten Zwecken, erforderlichen Mitteln und deren Nebenfolgen[34], als auch *wertrational*[35], d. h. an bewußt herausgearbeiteten absoluten Werten[36], orientiert sein[37]. An seiner Zeit glaubt Weber eine fast schicksalhafte Entwicklung zum zweckrationalen Herrschaftstypus hin ablesen zu können: „... die zunehmende Wertung des jeweils geltenden Rechts als eines rationalen, daher jederzeit zweckrational umzuschaffenden, jeder inhaltlichen Heiligkeit entbehrenden technischen Apparats (ist) sein unvermeidliches Schicksal[38]." Auch in einer solchen zweckrational gestalteten Rechtsordnung wird legale Herrschaft nach den gesetzten Regeln ausgeübt;

---

[32] *Weber*, Wirtschaft, 1. Hbbd., S. 124.
[33] Hervorhebung des Verfassers.
[34] Vgl. *Weber*, Wirtschaft, 1. Hbbd., S. 12 f.
[35] Hervorhebung des Verfassers.
[36] ebd.
[37] ebd., S. 125.
[38] ebd., 2. Hbbd., S. 513.

aber durch seine inhaltliche Beliebigkeit und Bindungslosigkeit wird das Recht für den jeweils herrschenden Rechtsetzer frei verfügbar, so daß sich die Legalität seiner Herrschaft in einem formellen Legalismus erschöpft. Das Absterben der metajuristischen Verankerung des Rechts fördert außerdem „die faktische Fügsamkeit in die nunmehr nur noch utilitaristisch gewertete Gewalt der jeweils sich als legitim *gebärdenden*[39] Mächte im *ganzen*[40] außerordentlich“[41]. Wirkliche Legitimität kann legaler Herrschaft deshalb auch nach Max Weber nur dort zukommen, wo ihre Legalität durch eine *wertrational* beeinflußte Rechtsordnung definiert wird, eine Rechtsordnung also, die „mindestens einem Teil der Handelnden als auch vorbildlich oder verbindlich und also gelten *sollend*[42] vorschwebt“[43]. Denn erst in einer solchen Rechtsordnung vermag legale Herrschaft kraft der ihr innewohnenden spezifischen ratio legitimes Recht zu setzen und dadurch jenen Legalitätsglauben zu erzeugen, der die legale Herrschaft legitimiert und insofern auch den Glauben an die Legitimität der Herrschaft implicit enthält[44].

Wenn Weber dennoch die wertrationale Herrschaft bei der Erörterung legitimer Geltungsgründe für eine Herrschaftsordnung begrifflich nicht von der zweckrationalen Herrschaft unterschieden, sondern in den Begriff der Legalität mit einbezogen hat, so ist der Grund einmal darin zu suchen, daß wertrationale und zweckrationale Herrschaftsstruktur eine weitgehende Entsprechung sowohl hinsichtlich ihrer Organisationsformen als auch hinsichtlich der sie bestimmenden Grundkategorien aufweisen[45]. Zum anderen versteht Max Weber seine Darlegungen als die Beschreibung *empirisch* nachweisbarer Legitimitätsvorstellungen innerhalb bestimmter politischer Gemeinschaften. Eine empirische Soziologie kann aber keine Unterscheidung zwischen „richtiger“ und „falscher“ Legitimitätsvorstellung treffen, sondern muß sich auf wertneutrale Feststellungen beschränken[46]. Das ändert aber nichts daran, daß die Rechtsetzungsinstanz für Max Weber ebensowenig wie für Hermann *Heller* in ihren Willensentschließungen vollkommen frei ist. Vielmehr ist ihr Wille zur Rechtsetzung auf dem Umweg über die Legitimitätsvorstellungen wenigstens ihrer Machtstützen an ein von

---

[39] Hervorhebung des Verfassers.

[40] Hervorhebung im Original.

[41] *Weber*, Wirtschaft, 2. Hbbd., S. 502.

[42] Hervorhebung im Original.

[43] ebd., 1. Hbbd., S. 16.

[44] Ebenso *Winckelmann*, Legitimität, S. 38 ff., S. 45, insbes. dort Fußn. 58a, S. 93 f.

[45] Ebenso *Winckelmann*, Legitimität, S. 94 f.

[46] Vgl. dazu auch *Winckelmann*, Legitimität, S. 65 ff., insbes. S. 72 f. Aus diesem Grunde geht auch die in der Staatslehre, S. 221, geäußerte Kritik *Hellers* an Weber fehl.

diesen als absolut gültig angesehenes „richtiges“ Recht, in der Terminologie dieser Arbeit an das ideelle Recht, gebunden.

3. Kritische Auseinandersetzung mit der Legitimitätstheorie Hermann Hellers und Max Webers

Bildet der Legitimitätsglaube bei Hermann Heller und Max Weber die Grundlage für ein legitimes Herrschaftsverhältnis und zugleich seine Begrenzung, so findet die Machtfülle der Herrschenden für den Wertnihilisten Theodor *Geiger*[47] allein in der faktischen Widerstandsmacht der Beherrschten ihre Schranken[48]. Ihr Legitimitätsglauben idealisiere lediglich „die Tatsache, daß Unterordnung unter die Herrschenden tatsächlich unvermeidlich ist“[49]. Die Untertanen verschleierten also „für sich selbst ihre Ohnmacht, indem sie ideologisch einen Herrschaftsmythos als Gehorsamsmotiv“[50] einschalteten. In Wahrheit verdanke der Herrscher seine Stellung aber nicht dem Respekt der Bürger vor dem verfassungsrechtlichen Zustand, sondern seiner faktischen Machtüberlegenheit, aus der mit dieser der Respekt fließe[51]. Diese Machtüberlegenheit liege ihrerseits in den interkursiven Machtverhältnissen begründet, also der „Gesamtheit der zwischen den Mitgliedern eines Gesellschaftsintegrats bestehenden, kategorischen Machtverhältnisse“[52]. Da diese interkursiven Machtverhältnisse früher oder später immer durchbrächen und einen ihnen adäquaten Herrschaftsstatus herbeiführten, erhalte der Legitimitätsglaube für den Bestand eines Herrschaftsverhältnisses allenfalls in den kurzen Übergangsstadien eine Bedeutung, in denen die Herrschaft gerade einmal nicht der Stellung der Herrschenden im interkursiven Machtverhältnis entspreche[53].

Analog lägen die Dinge aus der Sicht der Herrschenden. Wenn diese bestehende Rechtszustände nicht nach Belieben ändern könnten, so sei ihre Macht nicht durch die bestehenden rechtlichen Normen selbst begrenzt, sondern durch die relative Macht der beherrschten Gruppe, welche sich einer Rechtsänderung widersetzen würde[54]. Im Ergebnis stehe also hinter allen Rechtsgestaltungen irgendjemandes Macht und jede Rechtsänderung sei auf Machtverschiebungen zurückzuführen[55].

Diese Argumentation Geigers wirkt zwar bestechend. An anderer Stelle setzt Geiger sich jedoch mit ihr in Widerspruch. Wenn nämlich

---

[47] Zu *Geigers* philosophischer Position vgl. Vorstudien, S. 293 ff.
[48] Vgl. *Geiger*, Vorstudien, S. 375.
[49] ebd., S. 361.
[50] ebd.
[51] ebd.
[52] ebd., S. 342.
[53] ebd., S. 363.
[54] ebd., S. 364.
[55] ebd.

der Legitimitätsglaube in einer Situation, in der Unterordnung unter die Herrschenden tatsächlich unvermeidlich ist, einen die Ohnmacht der Beherrschten verschleiernden Herrschaftsmythos darstellt, dann wird er zu einer bloßen Funktion der jeweiligen Machtverhältnisse. Andere als die herrschenden Legitimitätsvorstellungen dürften infolgedessen überhaupt nicht aufkommen können und nicht einmal deren Wegfall dürfte zu Widerstandshandlungen führen, wenn nur die Beherrschten ihrer Einsicht in die tatsächlichen Machtverhältnisse folgen. Dennoch hält Geiger die Aktivierung von Widerstandsmacht gegen ein bestimmtes Herrschaftshandeln selbst in einer für die Widerstandleistenden aussichtslosen Situation für möglich[56]. Ein solcher Widerstand kann aber nur einer Motivation entspringen, die vom herrschenden Legitimitätsglauben abweicht, dessen Verschleierungsmechanismus also durchbricht.

Fragt man darüber hinaus nach der Art der Motivation, die ein Individuum zu einem von vorneherein aussichtslosen Widerstand treiben könnte, dann wird man sie mit jenem unbedingt verpflichtenden Sollen zu umschreiben haben, das uns durch das Gewissen zu Bewußtsein gebracht wird. Zwar mögen vordergründig unerträgliche Ohnmachtsempfindungen den Anstoß zum Widerstand geben, doch sind diese ihrerseits nur Resultat des Bewußtseins von der gegebenen Herrschaftssituation, in der als absolut empfundene Werte wie etwa die Freiheit oder die Menschenwürde verletzt werden. Die bloße Verletzung von Interessen oder der Einbruch in feste Gewohnheiten könnte demgegenüber bestenfalls die Beherrschten vorübergehend in Aufruhr bringen[57], sie aber nicht zu einem bedingungslosen Widerstand, der also auch unter Einsatz des Lebens geleistet wird, veranlassen. Absolute Werte sind es daher, die im Hintergrund eines solchen Widerstandes stehen und ihm überhaupt erst jene Kraft verleihen, die ihn zu einer echten Herausforderung der Staatsmacht werden lassen[58]. Allein absolute Werte sind es aber auch, auf die Geiger seine Behauptung von der „unauslöschlichen *Schuld*"[59] des deutschen Richterstandes unter Hitler stützen kann, und nur als unbedingt verpflichtend empfundene Werte hätten jene Richter — wenn überhaupt — zu dem von Geiger geforderten Widerstand gegen die bestehenden Verhältnisse veranlassen können.

Gerade diese Vorstellung von absoluten, die Person unbedingt verpflichtenden Werten hält Geiger allerdings für eine illusionäre Komponente im Verpflichtungscharakter des Rechts. Für ihn bleibt nur „die Verpflichtung auf die kraft der sozialen Interdependenz aufrecht-

---

[56] ebd., S. 377.

[57] So *Geiger*, Vorstudien, S. 364.

[58] Vgl. dazu auch *Heller*, Staatslehre, S. 227 f.

[59] *Geiger*, Vorstudien, S. 380; Hervorhebung des Verfassers.

erhaltenen Standards und Codices unangefochten“[60], während Prädikate wie „gut“, „schlecht“ oder „gerecht“ nur subjektive Gefühlsverhältnisse des Sprechers zu dem so bezeichneten überbauen. Der Gerechtigkeitsidee oder der Idee des Guten entspricht eben „keine wie immer geartete raumzeitliche Wirklichkeit“[61], so daß auch keine wissenschaftliche d. h. falsifizierbare Aussage über die jeweiligen Sollensinhalte möglich ist. „Sollenssätze sind nicht der Erkenntnis, sondern nur des Bekenntnisses fähig“[62], hat Gustav *Radbruch* gesagt[63] und daraus den Schluß gezogen, daß die Ordnung des Zusammenlebens, soll sie wirksam sein, „nicht den Rechtsanschauungen der zusammenlebenden Einzelnen überlassen bleiben kann“[64], sondern „durch eine überindividuelle Stelle eindeutig geregelt werden muß“[65]. Will diese Stelle ihrer Aufgabe genügen, „den Widerstreit entgegengesetzter Rechtsanschauungen durch einen autoritativen Machtspruch beenden“[66], dann muß sie, so folgert Radbruch weiter, auch in der Lage sein, das von ihr gesetzte Recht gegenüber jeder widerstrebenden Rechtsanschauung durchzusetzen.

Bis hierher decken sich die Überlegungen Radbruchs weitgehend mit denjenigen Hermann Hellers, die ja ebenfalls auf die Notwendigkeit einer Entscheidungsinstanz zum Zwecke der Konkretisierung der Rechtsgrundsätze zum positiven Recht verweisen[67]. Was nun aber den fundamentalen Unterschied zwischen beiden ausmacht, das ist der Schluß, den Radbruch aus seiner Gedankenführung ziehen zu müssen glaubt. Für ihn steht nämlich fest, daß derjenige, der „Recht durchzusetzen vermag“, damit zugleich beweist, „daß er (auch) Recht zu setzen berufen ist“[68]. Mit diesem „Bekenntnis“ überantwortet Radbruch aber das Recht der erfolgreichen Macht und mißt dem ideellen Recht keinerlei Wert bei, während Heller der Macht das ideelle Recht in Gestalt des Legitimitätsglauben der Normaddressaten entgegensetzt.

Radbruch ist zuzugeben, daß über Sollensinhalte keine endgültigen Aussagen möglich sind. Das zwingt aber nicht dazu, das Sollen auf das Sein einer faktisch überlegenen Macht zu reduzieren und damit seine Existenz schlechthin zu verneinen. Insoweit hat Kelsen durchaus richtig

---

[60] *Geiger*, Vorstudien, S. 328. Eine von diesen Standards abweichende Moral müßte dann um der sozialen Verpflichtung willen „als Einzelfall sozialer Unangepaßtheit negligiert werden“ (Geiger, Vorstudien, S. 332).

[61] ebd., S. 314.

[62] *Radbruch*, Rechtsphilosophie, S. 100.

[63] Der sich zwar nicht zum Wertnihilismus, sondern zu einem Wertrelativismus bekennt (vgl. Rechtsphilosophie, S. 102 ff.), aber zu für das Sozialleben gleichermaßen negativen Konsequenzen kommt, so daß seine unterschiedliche philosophische Position hier vernachlässigt werden kann.

[64] *Radbruch*, Rechtsphilosophie, S. 179.

[65] ebd.

[66] ebd.

[67] Vgl. oben Teil III, 2. Kap. II, 1.

[68] *Radbruch*, Rechtsphilosophie, S. 179.

gesehen, daß auch das Sollen einer positiven, in Geltung stehenden Rechtsordnung nur von einem vorausgesetzten höheren Sollen, einer die Rechtsordnung *legitimierenden*[69] hypothetischen Grundnorm abgeleitet werden kann[70]. Mag dieses Sollen auch kein wissenschaftsfähiger Begriff sein, so kann doch über die Konsequenzen seiner Leugnung eine rationale Aussage getroffen werden, die Schlüsse zwar nicht bezüglich seines Inhalts, wohl aber bezüglich seiner Existenz zuläßt. So macht die Theorie Radbruchs die erfolgreiche Macht zum alleinigen Garanten für die jeweilige Ordnung, der sich die jeweiligen Minderheiten bedingungslos fügen müssen, bis sie um der Verbesserung ihrer Situation willen die bestehende Machtkonstellation zu ihren Gunsten verschoben haben. Gesellschaftliches Leben vollzieht sich also nach dem Hobbesschen Prinzip „bellum omnium contra omnes". Das bedeutet aber, daß die Leugnung des Sollens als einem Axiom sich selbst den Boden, auf dem sie als rationale Aussage beruht, entzieht.

„Denn als rationale Aussage kann sie nicht bloß die Funktion (das Ergebnis) der jeweiligen Macht sein, sondern muß außerhalb jeder Bedingtheit durch die überlegene Macht allein der Wahrheit verpflichtet sein, sonst hörte sie auf, eine rationale Aussage zu sein[71]*."* Auch ein Wertnihilist wie Theodor Geiger lebt eben letztlich „von der Freiheit, die ihm die innere Bindung an die Wahrheit gewährt"[72].

Ist demnach mit Heller und Weber von der Existenz eines an unbedingt verpflichtenden Werten orientierten Legitimitätsglaubens auszugehen, so darf aus dieser Existenz doch nicht auf eine totale Bindung der Herrschaftsmacht in dem Sinne geschlossen werden, daß von ihr nur noch eine Exekution der ein für allemal erschauten Rechtsidee zu erwarten wäre. Das ist schon deshalb nicht der Fall, weil die die Gerechtigkeitsprinzipien enthaltenden Rechtsgrundsätze nicht vollkommen eindeutig und auf eine konkrete Situation unmittelbar anwendbar sind, sondern dem Normgeber „unzählige Rechtsmöglichkeiten"[73] zu ihrer Konkretisierung offen lassen. Bei dieser Konkretisierung im positiven Recht hat der Normgeber außerdem das ideelle Recht mit der von ihm vorgefundenen gesellschaftlichen Wirklichkeit in Beziehung zu setzen, wenn nicht die beabsichtigten Regelungen ins Leere laufen sollen. Das positive Recht wird dadurch zu einer von den jeweiligen

---

[69] Hervorhebung im Original.

[70] Vgl. *Welzel*, Rechtsgeltung, S. 27/28. Kelsens Fehler liegt lediglich darin, daß er seine Grundnorm nicht mehr inhaltlich aus einem Sollen, sondern rein formal als eine Verfahrensregel bestimmt und dadurch ebenfalls den Gegensatz von „Sein" und „Sollen" zugunsten einer Kategorie, des „Seins", nämlich der effektiven Macht, auflöst.

[71] *Welzel*, Rechtsgeltung, S. 29.

[72] *Welzel*, ebd.

[73] *Heller*, Souveränität, S. 49.

Wirtschafts-, Gesellschafts- und auch Machtstrukturen geprägte Normordnung, die in ihrer Zeitlichkeit dem ständigen gesellschaftlichen Wandel und seiner Dynamik unterworfen ist. Im Unterschied zu Geiger führt diese Interdependenz von positivem Recht und Sozialleben[74] bei Heller aber nur zu einer Relativierung des Normativen, nicht jedoch notwendig zu seiner Aufgabe. Und dies nicht nur um der Bindung der Macht an den Legitimitätsglauben der Normaddressaten willen, sondern auch wegen der dem Rechtsbegriff innewohnenden Logik. Wenn nämlich die Rechtsnorm im Gegensatz zu Brauch und Sitte unter den verschiedenen Möglichkeiten der Wirklichkeit eine als die gesollte bezeichnet, dann ist für sie die Möglichkeit einer abweichenden Wirklichkeit vorausgesetzt. Eine Rechtsnorm wäre keine Rechtsnorm mehr, wenn sie eine Anordnung träfe, zu der sich die Wirklichkeit nicht in Widerspruch setzen könnte[75]. Insofern verbleiben Normalität und Normativität, Macht und Recht in einem Spannungsverhältnis, bei dem „jede Akzentverschiebung in der einen oder anderen Richtung beinahe unvermeidlich in die Extreme der wirklichkeitsentleerten Norm oder der normentleerten Wirklichkeit“[76] führen würde. Macht und ideelles Recht bedingen sich gegenseitig und „wirken im Staate in ständiger wechselseitiger Verschränkung“[77]. In bezug auf das positive Recht würde *Heller* daher im Gegensatz zu *Geiger* den bereits zitierten Ausspruch Hobbes wohl dahingehend abwandeln: „Auctoritas et veritas faciunt legem[78].“ Damit erfährt aber das Verhältnis von Macht und ideellem Recht, Sein und Sollen eine ganz andere Beurteilung als sie immer wieder im Hintergrund der Staatsnotrechtsdiskussion sichtbar wurde. Bildete dort die „vollkommene Disparität von Sein und Sollen“[79] den Ausgangspunkt, so müssen nach *Heller* Sein und Sollen „im Begriff der gesellschaftlichen Normordnung als vereint gedacht werden“[80], weil „ein gesellschaftliches Sollen, das voraussetzungsgemäß keinerlei Bezug hätte auf ein zu gestaltendes Sein, überhaupt kein Sollen“[81] ist und umgekehrt auch „ein gesellschaftliches Sein ohne gesellschaftliche Normen“[82] undenkbar ist.

---

[74] *Hirsch*, Recht, S. 27 ff. legt seinen Überlegungen diese Interdependenz ebenfalls zugrunde.

[75] Vgl. dazu auch *Heller*, Staatslehre, S. 185.

[76] *Hesse*, Normative Kraft, S. 7.

[77] *Ornstein*, Macht, S. 165, und ähnlich auch auf S. 184 f.; vgl. auch noch *Schindler*, Verfassungsrecht, S. 19 f.

[78] Vgl. *Coing*, Rechtsphilosophie, S. 278.

[79] Vgl. bspw. Teil III, 1. Kap. II und *Kelsen*, Hauptprobleme, S. 7.

[80] *Heller*, Staatslehre, S. 185.

[81] ebd.

[82] ebd.

Für die politische Wirklichkeit eines Gemeinwesens wäre es ein verhängnisvoller Trugschluß, wenn aus dieser Einsicht in die dialektische Struktur des positiven Rechts auf die Unauflöslichkeit der dialektischen Beziehung von Macht und Recht oder gar auf deren ständige Gleichgewichtigkeit geschlossen würde[83]. Denn solange das positive Recht in das Spannungsfeld von Macht und ideellem Recht hineingestellt wird, solange wird es einmal dem einen und einmal dem anderen dieser beiden Pole näher stehen[84]. Ja, man wird es nach Heller sogar in einer größeren Nähe zur Macht ansiedeln müssen. Denn wenn dem Normgeber zur Konkretisierung des ideellen Rechts „unzählige Rechtsmöglichkeiten" offen stehen, dann wird sich die jeweilige Positivierung, sofern sie an den bloß umrißhaften Richtlinien der Rechtsgrundsätze orientiert bleibt, allein auf Grund der Entscheidung des mit Macht ausgestatteten Normgebers durchsetzen. „Was sie zur Herrschaft bringt, ist nicht ihre größere Nähe zum Rechtsgrundsatz, sondern ihre größere Nähe zur Macht[85]." Es besteht also die Gefahr, daß sich der Normgeber aus der Bindung an die Rechtsgrundsätze löst und seine Entscheidungen durchsetzt, nicht weil er das Recht, sondern weil er die Macht hat[86]. Am Beispiel des ungerechten Rechts, das dennoch positives Recht ist, tritt dieser rechtbildende Charakter der Macht ungebrochen zutage[87] und erbringt den Beweis für die These Geigers, daß die Machtfülle der Herrschenden allein in der faktischen Widerstandsmacht der Beherrschten ihre Begrenzung findet.

Gesteigert werden diese Gefahren noch dadurch, daß für Heller die ethischen Rechtsgrundsätze zwar „auf dauernde oder epochale Lebensformen, auf wesensmäßig gesetzte Institutionen hinweisen"[88], aber doch „grundsätzlich kulturkreisbedingt"[89] sind[90]. Die Rechtsgrundsätze sind also von den Rechtssätzen nur noch graduell, nicht aber prinzipiell

---

[83] Die Notwendigkeit einer dialektischen Beziehung von Macht und Recht wird verneint von *Heller*, Staatslehre, S. 194 f.; *Ornstein*, Macht, S. 170; *Schindler*, Verfassungsrecht, S. 51 ff. und Peter *Schneider*, in: Leibholz-Festschrift, Bd. I, S. 598.

[84] Ähnlich auch *Schindler*, Verfassungsrecht, S. 51.

[85] *Schluchter*, Entscheidung, S. 192.

[86] Vgl. *Schluchter*, ebd.

[87] So sieht es auch *Heller*, Staatslehre, S. 195.

[88] *Heller*, Souveränität, S. 48.

[89] ebd.; auf die Relativität und Milieubedingtheit solcher Wertmaßstäbe für das positive Recht weist auch *Hirsch*, Recht, S. 29 hin.

[90] In der Staatslehre *Hellers* findet sich auf S. 224 ein Hinweis darauf, daß er außer den kulturkreisbedingten Rechtsgrundsätzen auch die Existenz allgemeingültiger Rechtsgrundsätze für möglich hält. Seiner Meinung nach hat die Staatslehre aber der Rechtsphilosophie die Frage zu überlassen, „ob und in welchem Sinne es apriorische Rechtsgrundsätze gibt, welche Rechtsgrundsätze allgemeingültig und welche kulturkreisgebunden sind".

unterschieden. Ihre Relativierung erhöht zugleich die Relativität des positiven Rechts und sichert dadurch dem Normgeber einen zusätzlichen Machtvorsprung.

Dennoch verdient Hellers Gedankengang insofern den Vorzug, als er von dem Bewußtsein der Notwendigkeit eines Spannungsverhältnisses von Macht und Recht als der Existenzgrundlage des Rechtsstaates getragen ist. Begreifen wir diesen nämlich als ein Staatswesen, dessen Rechtsordnung nicht allein den Prinzipien der Rechtssicherheit und Zweckmäßigkeit, sondern gleichermaßen der Gerechtigkeitsidee verpflichtet ist, dann vermag die jeweilige Staatsmacht zwar die beiden erstgenannten Prinzipien durchaus zu sichern. Über den Gerechtigkeitsgehalt der von ihr gesetzten Rechtsordnung entscheidet aber nicht ihr Wille oder der einer beliebigen Volksmehrheit, sondern allein das sittliche Bewußtsein des Individuums[91]. Der Rechtsstaatsgedanke setzt daher die Anerkennung des individuellen Rechtsgewissens und damit des Menschen als einer sittlich verpflichteten Persönlichkeit voraus. Diese Anerkennung vollzieht Heller, indem er dem Individuum zumindest ein sittliches Widerstandsrecht einräumt[92], während Geiger eine solche Anerkennung aufgrund seiner wertnihilistischen Position nicht möglich ist. Folgerichtig löst Geiger das Spannungsverhältnis zwischen der Staatsmacht und dem durch die sittliche Persönlichkeit des Menschen in die Wirklichkeit tretenden Recht einseitig zugunsten der Macht auf: für ihn ist nicht der Rechtsstaat, sondern nur der Machtstaat Wirklichkeit. Allerdings wird uns auch die Wirklichkeit des Rechtsstaates nicht ohne weiteres geschenkt werden oder erhalten bleiben. Vielmehr hängt sein Bestand, folgen wir nun der Auffassung Hellers, entscheidend von der Bereitschaft der Individuen ab, der Stimme ihres Rechtsgewissens gegebenenfalls mit Hilfe ihrer Widerstandsmacht Nachdruck zu verleihen und das Recht gegen die Staatsmacht durchzusetzen. Dabei wird man in dem durch die potentielle Widerstandsmacht erzeugten Spannungsfeld zwischen Macht und Recht vergebens nach apriorisch gültigen Rechtssätzen suchen, denn unsere Rechtsvorstellung bleibt immer nur ein *Versuch*[93], „das Richtige in der Zeit zu formulieren“[94].

---

[91] Darauf wurde oben Teil II, 3. Kap. III, 3 hingewiesen. Ebenso auch noch *Ornstein*, Macht, S. 170 f.

[92] *Heller*, Staatslehre, S. 225 ff.; wie es überhaupt zu einem Konflikt zwischen individuellem Rechtsgewissen und staatlich organisiertem Normgeber kommen kann, ist bei Heller weitgehend unklar geblieben. „Einmal erklärt er ihn als Resultat der verschiedenen Positivierungen derselben Rechtsgrundsätze, einmal als Resultat der Widersprüchlichkeit zwischen Rechtsgrundsätzen und einmal als Resultat der Eigengesetzlichkeit der Bereiche“ (so *Schluchter*, Entscheidung, S. 205, der dann den Versuch einer Aufhebung dieser Unentschiedenheit unternimmt).

[93] Hervorhebung im Original.

[94] *Welzel*, Rechtsgeltung, S. 31.

Dementsprechend muß der Prozeß staatlicher Willensbildung dem Prinzip kritischer Toleranz unterworfen sein und eine *geistige* Auseinandersetzung bleiben[95], wenn nicht der Mensch als sittliche Persönlichkeit und damit auch der Rechtsstaat vernichtet werden soll[96].

---

[95] Vgl. *Welzel*, Rechtsgeltung, S. 31 und Naturrecht, S. 250 ff., wo er noch weitere Forderungen aufstellt, auf die hier aber nicht im einzelnen eingegangen zu werden braucht.

[96] Auf die entscheidende Bedeutung des „struggle of law versus will" für die Demokratie weist auch *Kägi*, Verfassung, S. 185, hin.

C. Schluß

Das Staatsnotrecht im Spannungsfeld von Macht und Recht

Die bisher angestellten Überlegungen zum grundsätzlichen Verhältnis von Macht und Recht geben den Rahmen an, innerhalb dessen nun die Frage nach dem Stellenwert des auch außerhalb des positiven[1] Rechts wirksamen Staatsnotrechts beantwortet werden kann. Diese Antwort kann offensichtlich nicht eindeutig in dem Sinne ausfallen, daß man das Staatsnotrecht lediglich als ein Instrument des jeweiligen Normgebers zu bezeichnen hätte, das mit dem (ideellen) Recht durch nichts mehr verbunden ist. Ebensowenig wird man das Staatsnotrecht wie überhaupt jedes positive Recht unbesehen als eine Realisierung des ideellen Rechts ansehen können. Vielmehr beruht seine Geltung zuallererst einmal auf der Macht des jeweiligen Normgebers. Aber diese Macht findet ihrerseits ihre Grundlage im Legitimitätsglauben der Normaddressaten — und zwar auch und gerade während eines Staatsnotstandes. Als Grundlage der Macht stellt der Legitimitätsglaube zugleich ihre Begrenzung dar; eine Begrenzung, die inhaltlich durch die ideellen Rechtsvorstellungen der Machtstützen gekennzeichnet wird und ihre Wirksamkeit aus der Widerstandsmacht der Machtstützen und ihrer Bereitschaft zu deren Einsatz ableitet. Auch in einem Staatsnotstand kann daher der jeweilige Normgeber nicht jede beliebige Norm zur Rechtsnorm erheben, sondern nur solche Normen, die sich mit den Vorstellungen der Machtstützen vom ideellen Recht in Einklang bringen lassen und infolgedessen auf keinen nennenswerten Widerstand stoßen. Die Wirksamkeit des Staatsnotrechts beruht also nicht allein auf der Macht des Normgebers, sondern zugleich auf seiner Rechtmäßigkeit. In welchem Maße dabei die beiden Wirksamkeitsfaktoren für eine konkrete Staatsnotrechtsordnung relevant werden, das kann allerdings nur von Fall zu Fall entschieden werden. Denn die Relation zwischen beiden Faktoren ist, wie bereits dargelegt wurde, variabel und kann sich bis hin zur einseitigen Auflösung verschieben. Das bedeutet, daß auch in einem Staatsnotstand das Maß des Gerechtigkeitsgehaltes im Staatsnotrecht entscheidend von der Bereitschaft abhängen wird, den Rechtmäßigkeits-

[1] Damit ist sowohl das geschriebene wie das ungeschriebene Recht gemeint.

vorstellungen aller Beteiligten gegenüber bloßen Zweckmäßigkeitserwägungen so weit wie möglich zum Siege zu verhelfen. Dabei wird man in Rechnung stellen müssen, daß eine derartige Bereitschaft im umgekehrt proportionalen Verhältnis zum Ausmaß des Staatsnotstandes abnehmen wird. Und dies nicht nur um der bedrohten Existenz des Staates, sondern auch um der ins Unermeßliche gesteigerten Macht der Amtswalter willen, die jeden Widerstand fast aussichtslos und damit sinnlos erscheinen läßt. Die Chance der Rechtlichkeit des Staatsnotrechtes mag daher demjenigen gering erscheinen, der den Menschen, die das Staatsnotrecht handhaben, und denjenigen, die seinen Wirkungen ausgesetzt sind, gleichermaßen mißtraut. Sie wird jedoch keineswegs dadurch größer, daß man im Vertrauen auf die Verfassungsmäßigkeit allen Handelns der Exekutive die Augen vor der Erkenntnis verschließt, daß letztlich allein der Mensch Garant für die Rechtlichkeit eines Gesellschaftszustandes sein kann. Das bedeutet aber, daß nur von einer konsequenten Förderung des Rechtsbewußtseins und des Willens zum Recht mit allen daraus sich ergebenden Implikationen eine wirksame Garantie „für die Rechtlichkeit der Macht und die Mächtigkeit des Rechts“[2] zu erwarten ist.

Das Ergebnis, daß positiv-rechtliche Schranken der aus einem Staatsnotstand erwachsenden Problematik kaum gerecht werden, macht die ganze Fragwürdigkeit des Versuchs deutlich, den Staatsnotstand mit einer „Notstandsverfassung“ wie der des GG rechtlich in den Griff zu bekommen. Liberalen Denktraditionen folgend hofft man zwar, durch detaillierte Vorschriften die außerordentlichen Befugnisse der Exekutive festzulegen und dadurch auch für den Fall des Staatsnotstandes einen wirksamen Schutz des Individuums gegen die Übergriffe des Staates schaffen zu können. Doch droht sich dieses Bestreben in sein Gegenteil zu verkehren, indem es die Amtswalter frühzeitig zwingt, sich in Anpassung an das politische Geschehen außerhalb der Verfassung zu stellen und damit zugleich die Wirksamkeit ihrer Maßnahmen durch den Ruch der Illegalität in Frage zu stellen. Dem entgeht eine Staatsnotstandsregelung, die es wie die englische der Regierung und ihren nachgeordneten Organen erlaubt, die *„notwendigen“* Maßnahmen zur Verteidigung des Landes oder zur Sicherung und Wiederherstellung der öffentlichen Ordnung zu treffen[3]. Dies aber nicht wegen einer dem Art. 48 WRV vergleichbaren oder noch weitergehenden Ermächtigung, sondern aufgrund eines anderen Verständnisses des Staatsnotrechts und seiner Funktion im Verfassungssystem.

Es darf nämlich jede Maßnahme ergriffen werden, die zur Abwehr des Staatsnotstandes erforderlich erscheint, sofern sie gemäß der einen

---

[2] *Hirsch,* in: Recht, S. 259.

[3] Vgl. dazu und zum folgenden *Jaenicke,* in: Beiträge, S. 58 ff.

Maxime des britischen Verfassungssystems, der „rule of law“ auf einer rechtlichen Ermächtigung beruht; sie muß sich also entweder auf ein Parlamentsgesetz oder auf einen nachgewiesenen und anerkannten Gewohnheitsrechtssatz (common law) berufen können[4]. Die faktische Inanspruchnahme bestimmter Hoheitsbefugnisse, die Berufung auf Regierungsaufgaben und Staatsinteressen reichen demgegenüber für sich allein als Grundlage für die rechtmäßige Inanspruchnahme von Hoheitsbefugnissen nicht aus[5]. Der Satz „Not kennt kein Gebot“ oder Gesichtspunkte der Staatsraison können also die Maßnahmen von Amtswaltern nicht rechtfertigen. Fehlt es ihnen an einer der beiden genannten Ermächtigungsgrundlagen, dann bleiben sie Unrecht. Die unrechtmäßigen Maßnahmen können nun aber, entgegen der bis hierher noch deutlichen Parallelität zum „liberalen Ausnahmerecht“, von der zweiten Säule des britischen Verfassungssystems, der „sovereignity of parliament“, nachträglich durch ein Indemnitätsgesetz sanktioniert werden[6]. Die britische Staatsnotstandsregelung trägt dadurch den politischen Notwendigkeiten weit mehr Rechnung als das „liberale Ausnahmerecht“, das die seine Grenzen überschreitenden Maßnahmen in jedem Falle Unrecht sein läßt. Zugleich basiert die britische Notstandsregelung auf dem Vertrauen in das Rechtsbewußtsein und den Willen zum Recht sowohl des Parlaments als auch der Exekutive. Sie kommt damit der Einsicht entgegen, wonach gerade diese Faktoren die Rechtlichkeit des Staatnotrechts zu garantieren vermögen. In der Offenlegung dieser Einsicht liegt der Vorzug der britischen Regelung gegenüber dem „liberalen Ausnahmerecht“, das in so hervorragendem Maße geeignet ist, Vertrauen in das Verfassungsgesetz zu erwecken und dadurch den Blick auf die notwendige Entwicklung der wirklichen Garanten der Rechtlichkeit zu verstellen. Insofern könnte es durchaus wünschenswert erscheinen, die britische Regelung in unser Verfassungssystem zu übertragen. Eine Übernahme des angelsächsischen Vorbildes erscheint jedoch wegen der grundlegenden Verschiedenartigkeit beider Verfassungssysteme äußerst bedenklich, bedürfte jedenfalls einer eigenen Überprüfung. Dieser Arbeit genügt es, angesichts des oft bedingungslos geäußerten Glaubens an die Verrechtlichung des Staatsnotstandes durch die positive Verfassung die Fragwürdigkeiten einer detaillierten und dadurch starren Notstandsregelung aufgezeigt und alte (keineswegs veraltete) Erkenntnisse am Beispiel des Art. 20 IV GG aktualisiert zu haben.

---

[4] *Jaenicke,* in: Beiträge, S. 68.

[5] *Jaenicke,* ebd.

[6] *Jaenicke,* ebd., S. 63. Aus diesem Gegensatz leitet *Muth* Ausnahmerecht, S. 16 ff. seine Unterscheidung vom „demokratischen“ und vom „liberalen“ Ausnahmerecht ab.

Literaturverzeichnis

A. Selbständige Veröffentlichungen

Anschütz, Gerhard: Die Verfassung des Deutschen Reichs — Ein Kommentar für Wissenschaft und Praxis, 14. Aufl. 1933
(zit. *Anschütz*, Kommentar)

Anschütz-Thoma: Handbuch des Deutschen Staatsrechts, Bd. II, 1932
(zit. *Anschütz-Thoma*, Handbuch)

Apelt, Willibalt: Geschichte der Weimarer Verfassung, 2. Aufl. 1964
(zit. *Apelt*, Geschichte)

Arndt, Adolf: Notstandsgesetz — aber wie? gemeinsam mit Freund, Michael 1962
(zit. *Arndt*, Notstandsgesetz)

Baron, Paul: Notwehr, Staatsnotwehr und Staatsnotstand, Diss. jur. Köln 1936
(zit. *Baron*, Notwehr)

Benda, Ernst: Die Notstandsverfassung, 8. - 10. Aufl. 1968
(zit. *Benda*, Notstandsverfassung)

Bertram, Karl Friedrich: Widerstand und Revolution, 1964
(zit. *Bertram*, Widerstand)

— Das Widerstandsrecht des Grundgesetzes, Schriften zum öffentlichen Recht Band 122 (1970)
(zit. *Bertram*, Widerstandsrecht)

Bonner Kommentar: Kommentar zum Bonner Grundgesetz
(zit. *BK*)

Bracher, Karl Dietrich: Die Auflösung der Weimarer Republik, 2. Aufl. 1957
(zit. *Bracher*, Auflösung)

Camus, Geneviève: L'état de necessité en democratie, 1965
(zit. *Camus*, état)

Coing, Helmut: Grundzüge der Rechtsphilosophie, 2. Aufl. 1969
(zit. *Coing*, Rechtsphilosophie)

Draht, Martin: Grund und Grenzen der Verbindlichkeit des Rechts, Recht und Staat in Geschichte und Gegenwart, Bd. 272/273 (1963)
(zit. *Draht*, Grenzen)

Drews-Wacke: Allgemeines Polizeirecht, 7. Aufl. 1961
(zit. *Drews-Wacke*, Polizeirecht)

Ehlers, Dieter: Technik und Moral einer Verschwörung, 1964
(zit. *Ehlers*, Technik)

Ehmke, Horst: Grenzen der Verfassungsänderung, 1953
(zit. *Ehmke*, Grenzen)

Ehrlich, Eugen: Grundlegung der Soziologie des Rechts. Unveränderter Neudruck der 1. Aufl. 1913, München und Leipzig 1929
(zit. *Ehrlich*, Grundlegung)

Fleiner-Giacometti: Schweizerisches Bundesstaatsrecht, 1949
(zit. *Fleiner-Giacometti,* Bundesstaatsrecht)

Folz, Hans-Ernst: Staatsnotstand und Notstandsrecht, 1962
(zit. *Folz,* Staatsnotstand)

Forsthoff, Ernst: Zur Problematik der Verfassungsauslegung, Res publica Bd. 7 (1961) (zit. Forsthoff, Problematik)

Frey, Peter: Der Rechtsbegriff in der neueren Soziologie, Diss. Saarbrücken 1962
(zit. *Frey,* Rechtsbegriff)

Friedmann, Heinrich: Der Ausnahmezustand nach Art. 48 Abs. II-V RV, 1927
(zit. *Friedmann,* Ausnahmezustand)

Gadamer, Hans-Georg: Wahrheit und Methode, 2. Aufl. 1965
(zit. *Gadamer,* Wahrheit)

Gather, Hans-Herbert: Das Notstandsrecht nach der Weimarer Reichsverfassung und dem Bonner GG, Diss. jur. Köln 1963
(zit. *Gather,* Notstandsrecht)

Gebhard, Ludwig: Handkommentar zur Verfassung des Deutschen Reichs 1932
(zit. *Gebhard,* Handkommentar)

Geiger, Theodor: Vorstudien zu einer Soziologie des Rechts, Berlin und Neuwied a. Rh. 1964
(zit. *Geiger,* Vorstudien)

Giacometti, Zaccaria: Das Vollmachtenregime der Eidgenossenschaft, 1945
(zit. *Giacometti,* Vollmachtenregime)

Giese, Friedrich: Die Verfassung des Deutschen Reiches vom 11. August 1919 8. Aufl. 1931
(zit. *Giese,* Verfassung)

Grau, Richard: Die Diktaturgewalt des Reichspräsidenten und der Landesregierungen, 1922
(zit. *Grau,* Diktaturgewalt)

Griebel, Alexander: Staatsnotwehr, Staatsnotstand und Femetötungen, Diss. jur. Erlangen 1931
(zit. *Griebel,* Staatsnotwehr)

Hamann, Andreas: Das Grundgesetz für die Bundesrepublik Deutschland vom 23. Mai 1949, 2. Aufl. 1960
(zit. *Hamann,* Kommentar)

Hatschek, Julius: Das Reichsstaatsrecht, 1923
(zit. *Hatschek,* Reichsstaatsrecht)

Helfritz, Hans: Allgemeines Staatsrecht, 5. Aufl. 1949
(zit. *Helfritz,* Staatsrecht)

Heller, Hermann: Die Souveränität, 1927
(zit. *Heller,* Souveränität)

— Staatslehre, 1934
(zit. *Heller,* Staatslehre)

Henke, Wilhelm: Die verfassunggebende Gewalt des deutschen Volkes, 1957
(zit. *Henke,* Gewalt)

Hesse, Konrad: Grundzüge des Verfassungsrechts der Bundesrepublik Deutschland, 4. Aufl. 1970
(zit. *Hesse,* Grundzüge)

Hesse, Konrad: Die normative Kraft der Verfassung, 1959
(zit. *Hesse*, Normative Kraft)

Heyland, Karl: Das Widerstandsrecht des Volkes, 1950
(zit. *Heyland*, Widerstandsrecht)

Hirsch, Ernst: Das Recht im sozialen Ordnungsgefüge, 1966
(zit. *Hirsch*, Recht)

Hofmann, Hasso: Legitimität gegen Legalität, Der Weg der politischen Philosophie C. Schmitts, 1964
(zit. *Hofmann*, Legitimität)

Hold von Ferneck, A.: Die Rechtswidrigkeit, Bd. I, 1903
(zit. *Hold von Ferneck*, Rechtswidrigkeit)

Isensee, Josef: Das legalisierte Widerstandsrecht, Eine staatsrechtliche Analyse des Art. 20 Abs. 4 GG 1969
(zit. *Isensee*, Widerstandsrecht)

Jellinek, Georg: Allgemeine Staatslehre, 3. Aufl. 6. Neudruck 1959
(zit. *Jellinek*, Staatslehre)

Kägi, Werner: Die Verfassung als rechtliche Grundordnung des Staates, 1945
(zit. *Kägi*, Verfassung)

Kantorowicz, Hermann: Der Begriff des Rechts, Göttingen ohne Jahr
(zit. *Kantorowicz*, Begriff)

Kaufmann, Erich: Zur Problematik des Volkswillens, 1931
(zit. *Kaufmann*, Problematik)

Kelsen, Hans: Hauptprobleme der Staatsrechtslehre, 2. Aufl. 1923
(zit. *Kelsen*, Hauptprobleme)

— Reine Rechtslehre, 2. Aufl. 1960
(zit. *Kelsen*, Rechtslehre)

— Allgemeine Statslehre, Unveränderter Nachdruck der 1. Aufl. 1925, 1966
(zit. *Kelsen*, Staatslehre)

Köhne, Heinrich: Umfang und Grenzen der diktatorischen Befugnisse des Reichspräsidenten, Diss. jur. Kiel 1930
(zit. *Köhne*, Umfang)

Koellreutter, Otto: Deutsches Staatsrecht, 1953
(zit. *Koellreutter*, Staatsrecht)

Krawietz, Werner: Das positive Recht und seine Funktion, 1967
(zit. *Krawietz*, Funktion)

Kriele, Martin: Theorie der Rechtsgewinnung, 1967
(zit. *Kriele*, Rechtsgewinnung)

Kröger, Klaus: Widerstandsrecht und demokratische Verfassung, in der Reihe Recht und Staat, Heft 399, 1971
(zit.*Kröger*, Widerstandsrecht)

Krüger, Herbert: Allgemeine Staatslehre, 2. Aufl. 1966
(zit. *Krüger*, Staatslehre)

Kurz, Hanns: Volkssouveränität und Volksrepräsentation, 1965
(zit. *Kurz*, Volkssouveränität)

Labin, Hans-Herbert: Staatsnotwehr und Staatsnotstand, Diss. jur. Hamburg 1932
(zit. *Labin*, Staatsnotwehr)

Larenz, Karl: Methodenlehre der Rechtswissenschaft, 2. Aufl. 1969
(zit. *Larenz*, Methodenlehre)

Larenz, Karl: Das Problem der Rechtsgeltung, 1929
(zit. *Larenz*, Rechtsgeltung)

Maihofer, Werner: Naturrecht oder Rechtspositivismus, 1966
(zit. *Maihofer*, Naturrecht)

Mattenklott, Diedrich: Der Staatsnotstand, Diss. jur. Freiburg 1956
(zit. *Mattenklott*, Staatsnotstand)

Matz, Ulrich: Rechtsgefühl und objektive Werte, 1966
(zit. *Matz*, Rechtsgefühl)

Maunz, Theodor: Deutsches Staatsrecht, 17. Aufl. 1969
(zit. *Maunz*, Staatsrecht)

Maunz-Dürig: Grundgesetz
(zit. *Maunz-Dürig*, Kommentar)

Meissner, Otto: Das Staatsrecht des Reichs und seiner Länder, 2. Aufl. 1923
(zit. *Meissner*, Staatsrecht)

Meyer, Georg: Lehrbuch des Deutschen Staatsrechts, 7. Aufl. 1919
(zit. *Meyer*, Lehrbuch)

Müller, Friedrich: Normstruktur und Normativität, 1966
(zit. *Müller*, Normstruktur)

Muth, Heinrich: Das Ausnahmerecht, Diss. jur. Köln 1932
(zit. *Muth*, Ausnahmerecht)

Nielsen, Nicolai: Der Ausnahmezustand nach der Weimarer Verfassung, Diss. jur. Kiel 1921
(zit. *Nielsen*, Ausnahmezustand)

Ornstein, Hans: Macht, Moral und Recht, 1946
(zit.. *Ornstein*, Macht)

Poetzsch-Heffter, Fritz: Handkommentar der Reichsverfassung vom 11. August 1919, 3. Aufl. 1928
(zit. *Poetzsch-Heffter*, Handkommentar)

Projahn, Johannes: Staatsnotrecht, Diss. jur. Halle 1929
(zit. *Projahn*, Staatsnotrecht)

Radbruch, Gustav: Rechtsphilosophie, 5. Aufl. 1956
(zit. *Radbruch*, Rechtsphilosophie)

Reber, Kurt: Das Notrecht des Staates, Diss. jur. Bern 1938
(zit. *Reber*, Notrecht)

Rewoldt, Karl-Heinrich: Das Staatsnotrecht im deutschen Staatsrecht, Diss. jur. Breslau 1933
(zit. *Rewoldt*, Staatsnotrecht)

Rothfels, Hans: Die deutsche Opposition gegen Hitler, 1964
(zit. *Rothfels*, Opposition)

Sauerwein, Herbert: Die Omnipotenz des pouvoir constituant, Diss. jur. Frankfurt 1960
(zit. *Sauerwein*, Omnipotenz)

Schäfer, Hans: Der Notstand im Rechtsstaat, Sonderdruck aus dem Bulletin des Presse- und Informationsamtes der Bundesregierung Nr. 78 vom 14. Mai 1964
(zit. *Schäfer*, Notstand)

Scheidle, Günther: Das Widerstandsrecht, Schriften zum Öffentlichen Recht Bd. 98, (1969)
(zit. *Scheidle*, Widerstandsrecht)

Scheurl, E. Freiherr von: Einführung in das verwaltungsrechtliche Denken, 1927
(zit. *von Scheurl*, Einführung)

Schindler, Dietrich: Verfassungsrecht und soziale Struktur, 1944
(zit. *Schindler*, Verfassungsrecht)

Schluchter, Wolfgang: Entscheidung für den sozialen Rechtsstaat, Hermann Heller und die staatstheoretische Diskussion in der Weimarer Republik, 1968
(zit. *Schluchter*, Entscheidung)

Schmidt-Bleibtreu-Klein: Kommentar zum Grundgesetz für die Bundesrepublik Deutschland, 2. Aufl. 1969
(zit. *Schmidt-Bleibtreu-Klein*, Kommentar)

Schmitt, Carl: Die Diktatur, 3. Aufl. Unveränderter Nachdruck 1928
(zit. *Schmitt*, Diktatur)

— Verfassungslehre, 3. unveränderte Aufl. — Unveränderter Nachdruck 1957
(zit. *Schmitt*, Verfassunglehre)

— Politische Theologie, Vier Kapitel zur Lehre von der Souveränität, 1934
(zit. *Schmitt*, Theologie)

Schneider, Hans: Widerstand im Rechtsstaat, 1969
(zit. *Schneider*, Widerstand)

Schneider, René: Das Widerstandsrecht in Staatsrecht und Staatstheorie der Gegenwart, 1964
(zit. *Schneider*, Widerstandsrecht)

Schönke-Schröder: Strafgesetzbuch, 15. Aufl. 1970
(zit. *Schönke-Schröder*, Strafgesetzbuch)

Schreiber, Rupert: Die Geltung von Rechtsnormen, 1966
(zit. *Schreiber*, Geltung)

Seifert, Jürgen: Gefahr im Verzuge, 3. Aufl. 1965
(zit. *Seifert*, Gefahr)

Siegers, Elsbeth: Staatsnotrecht, Geschichte, Inhalt und Begründung, Diss. jur. Köln 1969
(zit. *Siegers*, Staatsnotrecht)

Smend, Rudolf: Staatsrechtliche Abhandlungen, 1955
(zit. *Smend*, Abhandlungen)

Steiger, Heinz: Staatsnotrecht, Diss. jur. Frankfurt, 1932
(zit. *Steiger*, Staatsnotrecht)

Stein, Ekkehart: Lehrbuch des Staatsrechts, 1968
(zit. *Stein*, Lehrbuch)

Sterzel, Dieter: Kritik der Notstandsgesetze, 1968
(zit. *Sterzel*, Kritik)

Töndury, Gian Robert: Der Begriff des Notstands im Staatsrecht, Diss. jur. Zürich 1947
(zit. *Töndury*, Begriff)

Weber, Max: Gesammelte Aufsätze zur Soziologie und Sozialpolitik, 1924
(zit. *Weber*, Aufsätze)

— Wirtschaft und Gesellschaft, 4. Aufl. 1956
(zit. *Weber*, Wirtschaft)

Weber, Werner: Weimarer Reichsverfassung und Bonner Grundgesetz, 1949
(zit. *Weber*, Reichsverfassung)

Welzel, Hans: Die Frage nach der Rechtsgeltung, An den Grenzen des Rechts, 1966
(zit. *Welzel*, Rechtsgeltung)

— Naturrecht und materielle Gerechtigkeit, 4. Aufl. 1962
(zit. *Welzel*, Naturrecht)

Winckelmann, Johannes: Legitimität und Legalität, 1952
(zit.*Winckelmann*, Legitimität)

Wolf, Erik: Das Problem der Naturrechtslehre, 3. Aufl. 1964
(zit. *Wolf*, Problem)

Zihlmann, Rudolf: Legitimität und Legalität des Notrechts, 1950
(zit. *Zihlmann*, Legitimität)

B. Unselbständige Veröffentlichungen

Anschütz, Gerhard: Vermögensbeschädigung durch rechtmäßige Handlungen der Staatsgewalt, in: Verw.Archiv Bd. V (1897) S. 1 ff.

Apelt, Willibalt: Ausnahmeverordnung und Notverordnung, in: JW 1931, S. 698 ff.

Arndt, Claus: Bundeswehr und Polizei im Notstand, in: DVBl 1968, S. 729 ff.

Badura, Alois: Gibt es ein überverfassungsrechtliches Staatsnotrecht, in: RuPrBl 1932, S. 987 f.

Bauer, Fritz: Einleitung zu: Seifert, Jürgen, Gefahr im Verzuge, 3. Aufl. 1965

Bellstedt, Christoph: Zur staatsrechtlichen Problematik von Geheimpatenten und -gebrauchsmustern, in: DÖV 1961, S. 811 ff.

Betti, Emilio: Zur Grundlegung einer allgemeinen Auslegungslehre, in: Festschrift für Ernst Rabel, Bd. II, S. 79 ff.

Bilfinger, Carl: Notrecht, in: DJZ 1931, Sp. 1421 ff.

Böckenförde, Christoph: Die Kodifizierung des Widerstandsrechts im Grundgesetz, in: JZ 1970, 168 ff.

Brecht, Arnold: Ausnahmerecht, in: v. Brauchitsch, Max, Verwaltungsgesetze für Preußen, hrsg. von Drews-Lassar, 21. Aufl. 1928 Bd. II S. 246 ff.

Dahrendorf, Ralf: Über Gestalt und Bedeutung des Rechts in der modernen Gesellschaft, in: Hamburger Jahrbuch für Wirtschafts- und Gesellschaftspolitik Bd. 7 (1962) S. 126 ff.

Doehring, Karl: Das Widerstandsrecht des Grundgesetzes und das überpositive Recht, in: Der Staat Bd. 8 (1969), S. 429 ff.

Ehmke, Horst: Prinzipien der Verfassungsinterpretation, in: VVDStRL 20 (1963) S. 53 ff.

Flor, Georg: Staatsnotstand und rechtliche Bindung, in: DVBl 1958, S. 149 ff.

— Fragen des Ausnahme- und Staatsnotrechts, in: JR 1954, S. 125 ff.

Forsthoff, Ernst: Die Umbildung des Verfassungsgesetzes, in: Festschrift für Carl Schmitt 1959, S. 35 ff.

— Der Ausnahmezustand der Länder, in: Annalen des Deutschen Reichs 1923 - 1925, S. 138 ff.

Fromme, Friedrich Karl: Ausnahmezustand und Notgesetzgebung, in: DÖV 1960, S. 730 ff.

Giacometti, Zaccaria: Verfassungsrecht und Verfassungspraxis, in: Festgabe für Fritz Fleiner 1937, S. 45 ff.

Gmelin, Hans: Der Ausnahmezustand, in: Handbuch der Politik 3. Aufl. 1921 Bd. III, S. 156 ff.

Grau, Richard: Die Diktaturgewalt des Reichspräsidenten, in: Handbuch des Deutschen Staatsrechts. Hrsg. von Anschütz-Thoma Bd. II, 1932, S. 274 ff.

— Diktaturgewalt und Reichsverfassung, in: Gedächtnisschrift für Emil Seckel 1927, S. 430 ff.

Gross, Werner: Die Entwicklung des öffentlichen Rechts, in: DVBl 1954, S. 768 ff.

Hamann, Andreas: Zur Problematik des Staatsnotstandsrechts, in: DRiZ 1960, S. 45 ff.

— Zur Frage eines Ausnahme- oder Staatsnotstandsrechts, in: DVBl 1958 S. 405 ff.

Heckel, Johannes: Diktatur, Notverordnungsrecht, Verfassungsnotstand, in: AöR NF 22 (1932), S. 257 ff.

Herzog, Roman: Das positivierte Widerstandsrecht, in: Festschrift für Adolf J. Merkl zum 80. Geburtstag 1970, S. 99 ff.

Hesse, Konrad: Staatsnotstand und Staatsnotrecht, in: Staatslexikon 6. Aufl. Bd. VII Sp. 607 ff.

— Ausnahmezustand und Grundgesetz, in: DÖV 1955, S. 741 ff.

— Grundfragen einer verfassungsmäßigen Normierung des Ausnahmezustandes, in: JZ 1960, S. 105 ff.

von der Heydte, F. A.: Staatsnotstand und Gesetzgebungsnotstand, in: Festgabe für Laforet 1952, S. 59 ff.

Hirsch, Ernst E.: Macht und Recht, in: ders. Das Recht im sozialen Ordnungsgefüge 1966, S. 243 ff.

— Das Recht im sozialen Ordnungsgefüge, in: ders. Das Recht im sozialen Ordnungsgefüge 1966, S. 25 ff.

Hoffmann, Reinhard: Innerer Notstand, Naturkatastrophen und Einsatz der Bundeswehr, in: Sterzel, Dieter, (Hrsg.) Kritik der Notstandsgesetze 1968

Holstein, Günther: Von Aufgaben und Zielen heutiger Staatsrechtswissenschaft, in: AöR NF Bd. 11 (1926) S. 1 ff.

Jacobi, Erwin: Die Diktatur des Reichspräsidenten nach Art. 48 der Reichsverfassung, in: VVDStRL 1, 105 ff.

Jaenicke, Günther: Das Staatsnotrecht in Großbritannien, in: Beiträge zum ausländischen öffentlichen Recht und Völkerrecht, Heft 31 (1955), S. 59 ff.

Jellinek, Walter: Kabinettsfrage und Gesetzgebungsnotstand nach dem Grundgesetz, in: VVDStRL 8, 3 ff.

Junker, Heinrich: Not- und Ausnahmemaßnahmen nach geltendem Recht, in: BayVerwBl. 1960, S. 33 ff.

Kempen, Otto Ernst: Widerstandsrecht, in: Sterzel, Dieter (Hrsg.), Kritik der Notstandsgesetze, 1968

Klein, Friedrich: Rechtsgutachtliche Stellungnahme vom 3. 12. 1952 zur Frage der Notstandsbefugnisse in den deutsch-alliierten Vertragswerken vom 26. und 27. Mai 1952, in: Der Kampf um den Wehrbeitrag 2. Hbbd. 1953, S. 503 ff.

Klein, Hans H.: Der Gesetzgeber und das Widerstandsrecht, in: DÖV 1968, S. 865 ff.

Koellreutter, Otto: Staatsnotrecht und Staatsauffassung, in: DJZ 1932, Sp. 39 ff.

König, René: Das Recht im Zusammenhang der sozialen Normensysteme, in: Rechtssoziologie, Sonderheft 11/1967 der Kölner Zeitschrift für Soziologie und Sozialpsychologie, S. 36 ff.

Löffler, Martin: Staatsnotstand und Pressefreiheit, in: DÖV 1961, S. 220 ff. (Bericht über die 8. Arbeitstagung des Studienkreises für Presserecht und Pressefreiheit in Stuttgart)

Nawiasky, Hans: Notrecht, in: Sacher, Hermann (Hrsg.), Staatslexikon, 5. Aufl. Bd.III, Sp. 1636 ff.

— Verfassungsmäßiger und außerverfassungsmäßiger Staatsnotstand, in: RuPrVBl 1933, S. 141 ff.

— Die Auslegung des Art. 48 der Reichsverfassung, in: AöR NF Bd.9 (1925) S. 1 ff.

Ophüls, Carl Friedrich: Ist der Rechtspositivismus logisch möglich? in: NJW 1968, S. 1745 ff.

Ossenbühl, Fritz: Probleme und Wege der Verfassungsauslegung, in: DÖV 1965, S. 649 ff.

Pestalozza, Graf von: Kritische Bemerkungen zu Methoden und Prinzipien der Grundrechtsauslegung in der Bundesrepublik Deutschland, in: Der Staat Bd. 2 (1963), S. 425 ff.

von Peter, Ferdinand: Bemerkungen zum Widerstandsrecht des Art. 20 IV GG, in: DÖV 1968, S. 719 ff.

Ridder, Helmut: Vom Grund des Grundgesetzes, in: JZ 1958, S. 322 ff.

Ruck, Erwin: Freiheit und Rechtsstaat, in: Festgabe zur 100-Jahrfeier der Schweizerischen Bundesverfassung 1948, S. 75 ff.

Ryffel, Hans: Das Problem des Naturrechts heute, in: Maihofer, Werner (Hrsg.) Naturrecht oder Rechtspositivismus 1966, S. 494 ff.

Schäfer, Hans: Zur Problematik einer Notstandsregelung, in: NJW 1960, S. 1129 ff.

Scheuner, Ulrich: Der Verfassungsschutz im Bonner Grundgesetz, in: Festgabe für E. Kaufmann 1950, S. 313 ff.

Schmitt, Carl: Die Diktatur des Reichspräsidenten, in: VVDStRL 1, S. 63 ff.

Schmitt-Lermann, Hans: Die verfassungsrechtliche Regelung des Staatsnotstandes, in: DÖV 1960, S. 321 ff.

Schneider, Peter: Über das Verhältnis von Recht und Macht, in: Die moderne Demokratie und ihr Recht, Festschrift für G. Leibholz, Bd. I 1966 S. 573 ff.

— Prinzipien der Verfassungsinterpretation, in: VVDStRL 20 (1963) S. 1 ff.

— Widerstandsrecht und Rechtsstaat, in: AöR Bd. 89 (1964) S. 1 ff.

Scholler, Heinrich: Widerstand und Verfassung, in: Der Staat Bd. 8 (1969) S. 19 ff.

Schwalb, o. V.: Die außerordentlichen Befugnisse der Landesregierungen aus Art. 48 Reichsverfassung, in: DJZ 1925, Sp. 209 ff.

Smend, Rudolf: Verfassung und Verfassungsrecht, in: Staatsrechtliche Abhandlungen 1955, S. 119 ff.

Stock, Ulrich: Über Staatsnotwehr und Staatsnotstand, in: Gerichtssaal Bd. 101 (1932), S. 148 ff.

Strupp, Karl: Das Ausnahmerecht der Länder nach Art. 48 IV der Reichsverfassung, in: AöR NF Bd. 5, S. 182 ff.

Thoma, Richard: Die Regelung der Diktaturgewalt, in: DJZ 1924, Sp. 654 ff.

Topitsch, Ernst: Das Problem des Naturrechts, in: Maihofer, Werner (Hrsg.) Naturrecht oder Rechtspositivismus? 1966, S. 159 ff.

Voigt, Alfred: Ungeschriebenes Verfassungsrecht, in VVDStRL 10, S. 33 ff.

Wägenbaur, Rolf: Bemerkungen zur Frage des Staatsnotstandes, in: MDR 1958, S. 881 ff.

Welzel, Hans: Naturrecht und Rechtspositivismus, in: Maihofer, Naturrecht oder Rechtspositivismus? 1966, S. 322 ff.

Wolff, Hans J.: Rechtsgrundsätze und verfassungsgestaltende Grundentscheidungen als Rechtsquellen, in: Gedächtnisschrift für Walter Jellinek 1955, S. 33 ff.

Kolibri 360 GmbH
Ferdinand-Jühlke-Straße 7
99095 Erfurt, Deutschland
produktsicherheit@kolibri360.de

Druck:
CPI Druckdienstleistungen GmbH
im Auftrag der
Kolibri 360 GmbH
Ferdinand-Jühlke-Str. 7
99095 Erfurt